AU SERVICE DU PRÉSIDENT

CHRISTIAN PROUTEAU

AU SERVICE DU PRÉSIDENT

Michel LAFON

DU MÊME AUTEUR

Mémoires d'État, Éditions Michel Lafon, Paris, 1998

7-13, Boulevard Paul-Émile Victor
92523 Neuilly-sur-Seine Cedex

À mes parents.
À ma famille.
À tous ceux que j'aime
et que cette aventure
a parfois fait souffrir.
À mes hommes du GSPR,
pour leur dévouement.

– 1 –

Jeu de piste au palais

13 juillet 1982, 16 h 30. Moi, Christian Prouteau, simple commandant de gendarmerie, je quitte le bureau de François Mitterrand, Président de la République ! Il vient de me confirmer que je suis désormais responsable de sa sécurité.

J'ai du mal à réaliser ce qui m'arrive. Je traverse le bureau de Jacques Attali comme un automate, et me retrouve dans le grand salon de l'Élysée. Perdu dans mes pensées – ça bouillonne, dans ma tête ! – j'entends à peine les deux huissiers me saluer :

– Au revoir, mon commandant.

Je leur réponds machinalement, et descends le grand escalier en essayant de mesurer la tâche qui m'attend, et de trouver par où commencer. Arrivé sur le perron, je me souviens de cette phrase du Président :

– Je compte sur vous demain, pour le défilé du 14 Juillet.

Demain ! C'est demain que ça commence ! Je ne sais même pas comment se déroule la cérémonie, à quelle heure, quand, où. Ni à qui m'adresser ici, à l'Élysée, pour savoir ce que l'on attend de moi. Vite, trouver une solution...

Je file voir le commandant militaire du palais : je le connais, c'est un gendarme. Il n'a pas l'air surpris de ma visite.

– Bonjour mon commandant. Bienvenue à l'Élysée, votre nomination est un honneur pour la gendarmerie. La maison d'en face va faire une drôle de gueule...

La « maison d'en face », c'est la police, jusqu'alors chargée de la sécurité présidentielle. L'irritation que mon arrivée à l'Élysée ne manquera pas de provoquer chez mes collègues policiers a été un des arguments que j'ai opposé quelques jours plus tôt à André Rousselet, directeur de cabinet du Président, lorsqu'il m'a demandé d'accepter cette mission. Il a balayé ma remarque d'un phrase sèche, comme si c'était une broutille, visiblement exaspéré par mon obstination à refuser un poste que tant d'autres auraient brigué avec enthousiasme. Pourtant, le sourire complice du commandant militaire du palais est bien la preuve que j'avais raison : les corporatismes vont être exacerbés...

Ça ne me surprend pas – j'ai l'habitude de cette guéguerre-là. En revanche, je me demande comment cet homme est déjà au courant de ma nomination : elle n'est effective que depuis mon entrevue avec le

Président, que j'ai quitté il y a moins d'un quart d'heure ! J'essaie de cacher ma surprise.

– Merci, mon colonel. J'espère qu'ils vont jouer le jeu... En attendant, le Président souhaite que je sois auprès de lui demain pour la cérémonie. Je ne sais pas trop comment m'inclure dans le dispositif. Qui pourrait me renseigner ?

– Allez voir les aides de camp. Ils sont au 10 de la rue de l'Élysée. Ce sont les militaires qui ont en charge l'organisation de la journée : je les avertis de votre venue...

La rue de l'Élysée longe le palais. On y accède par un grand porche, après avoir traversé une vaste cour pavée. Devant le 10, le garde républicain en faction me présente les armes. Un sous-officier m'accueille devant le portail :

– Je vous conduis au bureau des aides de camp, mon commandant.

Dans ce bureau règne une agitation fébrile, pas vraiment étonnante pour une veille de 14 Juillet. Trois officiers se battent avec des téléphones qui sonnent sans arrêt. L'un d'entre eux m'aperçoit et vient me saluer.

– Ah ! Bonjour mon commandant. Le général Saulnier m'a prévenu de votre arrivée à l'Élysée. Que puis-je pour vous ?

Je n'ai même pas eu besoin de décliner mon identité ! J'explique à nouveau la raison de ma présence ici.

– Le Président m'a demandé d'être à ses côtés

demain. Je voudrais avoir une idée du déroulement de la cérémonie et savoir où me placer pour ne pas gêner tout en étant efficace.

– En ce qui concerne la deuxième question, il faut que vous soyez dans la voiture des « privés », c'est elle qui accompagne le PR jusqu'au pied de la tribune.

Le PR, je comprends – c'est sans doute ainsi qu'on appelle le Président de la République. Mais les « privés », je ne vois pas... Au risque de passer pour un bleu, j'ai besoin d'une explication.

– Des « privés » ?

– C'est comme ça qu'on appelle les officiers de police chargés de la sécurité du Président. Voyez avec monsieur Renaut, c'est lui le responsable. Pour le reste, voici le programme : tout est noté noir sur blanc. À demain, 9 h 30.

J'ai l'impression d'être en plein jeu de piste. Je dois donc maintenant trouver le fameux monsieur Renaut. Ça me donnera l'occasion de savoir si lui aussi est au courant de ma nomination, et de vérifier, le cas échéant, la tête qu'il fait en me voyant arriver.

En retournant à l'Élysée, je réalise que depuis une heure, j'ai répété au moins deux fois « le Président m'a dit » sans que personne ne prenne la peine de vérifier... Il est donc si facile d'affirmer une chose pareille ?

Un garde républicain m'accompagne au bureau des privés, une pièce exiguë à peine propre et meublée succinctement. Quatre hommes désœuvrés s'y entassent dans une atmosphère enfumée. Apparemment, leur activité principale semble être d'attendre, avachis sous le portrait officiel de François Mitterrand. L'un d'eux, la cinquantaine grisonnante et dégarnie, s'avance vers moi.

– Bonjour mon commandant. Je suis monsieur Renaut, responsable de la sécurité privée du Président. Monsieur Rousselet m'a prévenu que vous étiez chargé d'une étude sur la protection du chef de l'État.

C'est tout ce qu'on lui a dit ? Il semblerait qu'il soit le seul ici à n'être pas au courant de ma nomination... Ça promet ! Ses collègues n'ont pas bougé. Ma présence n'a pas l'air de les réjouir, loin s'en faut : leur inertie patente frise la grossièreté. D'ailleurs, ils me regardent à peine... Nous sommes toujours sur le pas de la porte. Pour la troisième fois de la journée, je reprends mon petit refrain :

– Je viens de voir le Président qui m'a demandé d'être auprès de lui demain. On m'a dit que la meilleure place était avec vous...

Visiblement, je viens de leur servir une douche froide. Ils ne s'attendaient pas à ça. Renaut balbutie :

– Heu... Eh bien... il faudrait que vous montiez en S1, c'est la voiture qui suit le PR jusqu'à la tribune.

Immédiatement, les autres réagissent :

– Ah non, on est déjà trois...

La moutarde me monte au nez. Leur attitude hostile et discourtoise commence à m'énerver. Je tranche :

– Eh bien on sera quatre ! À quelle heure se met-on en place ?

C'est Renaut qui répond, embêté :

– Le PR descend à 9 h 45, mon commandant.

– Bon, je serai là à 9 h 30. À demain.

Je tourne les talons et file récupérer ma voiture de service, garée dans la cour du palais. Le garde républicain, qui m'attend devant la porte ouverte et n'a pas perdu une miette de la scène, ne peut s'empêcher de me prévenir pendant que nous traversons la cour :

– Ils n'ont pas l'air ravis de votre arrivée. Faites attention, mon commandant, ils sont tordus...

Je le remercie d'un regard. Avant de rentrer chez moi, où mon épouse Chantal attend sûrement avec impatience que je lui raconte mon après-midi à l'Élysée, je décide de passer voir le directeur de la gendarmerie pour lui rendre compte de mon entretien avec François Mitterrand. Il me donnera sans doute quelques conseils, et m'apportera un peu de soutien...

Il me reçoit immédiatement. Mais j'ai à peine commencé mon récit qu'il me coupe la parole :

– Cela ne me regarde pas, mon commandant. Vous êtes maintenant à la disposition de l'Élysée. Le rôle de la gendarmerie est de vous aider au mieux dans votre mission, et je m'y emploierai ! Mais vous êtes désormais chargé de mission à la présidence de la République : ce que vous faites ne concerne que le directeur de cabinet du Président, son secrétaire général, ou à la rigueur le ministre de la Défense. Bon courage, et bonne chance.

Le message est clair. Un gendarme sert la République, un point c'est tout. L'entretien est terminé.

*
* *

Quelle journée ! Sur la route qui me ramène à Satory, où le GIGN vient à peine de s'installer dans une caserne toute neuve dont j'ai suivi les travaux avec attention, je réalise qu'un chapitre de ma vie s'est achevé cet après-midi, sous les plafonds dorés de l'Élysée. Je devrais en être heureux et fier, mais mon esprit est ailleurs...

Depuis ma blessure en opération – en octobre 1980, un forcené m'a envoyé en pleine face une décharge de plombs – je sens que je suis allé au bout de ce que je peux supporter : on ne s'habitue pas à côtoyer la mort, du moins pas moi. Il ne s'agit pas tant de la mienne que de celle des autres : les hommes tués en opération ou à l'entraînement me suivent en un cortège de fantômes, comme un reproche, sans que personne ne puisse m'en soulager. J'ai tenté quelquefois d'en parler. Mes confidences ont toujours surpris – et même parfois choqué – mes amis, appelant inévitablement la même réponse :

– Tu avais des ordres... C'est le destin... Tu ne pouvais pas faire mieux...

Il y a un peu plus d'un an, le chef Jacques Henri est mort à l'entraînement. Après sa disparition, j'ai décidé que je ne ferais plus d'éloge funèbre : il était temps pour moi de quitter le GIGN. J'ai réuni mes hommes pour le leur dire. Ils ne m'ont pas vraiment cru. Il leur semblait impensable que je puisse être fatigué, ou pire, que j'aie envie de partir. Ils ont mis mes déclarations sur le compte d'une baisse de moral passagère. Pourtant, il me semblait logique de passer le flambeau à Paul Barril, mon bras droit, qui rêvait depuis si longtemps d'être patron du groupe.

J'étais prêt à demander une nouvelle affectation, mais la vie en a décidé autrement. La gauche est arrivée au pouvoir, bien décidée à supprimer le GIGN qui semblait dangereux à certains, et Paul Barril a eu ses premiers ennuis avec la justice, prélude à une série sans fin et dont j'ignorais à l'époque qu'elle m'entraînerait au fond avec lui... Il n'était plus question de partir avant d'avoir réglé tous ces problèmes.

La question a ressurgi, pourtant, il y a quelques jours, quand Jean-Louis Maussion est mort à son tour, des suites d'un accident de parachute survenu à l'entraînement. La liste noire s'allonge – jusqu'à quand ? Moi qui croyais qu'il me suffirait de m'en aller pour ne plus penser à tout cela...

Agité par tous ces sentiments contradictoires, je retrouve Satory et mon bureau qui sent fort la peinture fraîche. Tous mes souvenirs m'y attendent : les bons et les mauvais, les photos du groupe accrochées au mur, la vitrine pleine des cadeaux offerts par nos visiteurs... Neuf années d'une histoire qui a rempli mon existence.

Et puis, ce soir du 13 juillet, me voilà propulsé au sommet de l'État, pour une mission dont je ne voulais pas ! Enfin tranquille en cet instant, je revois défiler ces trois dernières semaines, complètement folles.

*
* *

Il y a eu, d'abord, les rumeurs... De plus en plus inquiétantes : le gouvernement socialiste, en place depuis quelques mois, envisageait sérieusement de dissoudre le GIGN. J'ai frappé à toutes les portes, agité toutes les sonnettes pour trouver un moyen de convaincre les nouveaux venus qu'il serait absurde d'abandonner mon groupe, dont l'efficacité était reconnue dans le monde entier. J'ai fini par obtenir que le ministre de la Défense, Charles Hernu, vienne se rendre compte lui-même – accompagné des députés de la commission parlementaire de la Défense – de ce que nous étions capables de faire. Nous lui avons fait une démonstration à tout casser : escalade de la tour de cinquante mètres par les balcons, descente en rappel par hélicoptère, pénétration en balancier à partir du toit, arrestation avec des maîtres-chiens, et exercices de tir sous toutes ses formes. Ils ont été impressionnés ! Je me souviens de la question posée par l'un des conseillers du ministre :

– Mon commandant, si le GIGN avait dû assurer la sécurité du Président Sadate, pensez-vous qu'il aurait été assassiné ?

La mort récente du signataire des accords de paix de Camp David avait marqué tous les esprits, y compris le mien : un chef d'État assassiné, c'est tout un pays ébranlé... J'ai répondu avec prudence – il est toujours difficile de parler sans disposer de tous les éléments – que les méthodes du GIGN auraient sans doute empêché les terroristes d'arriver vivants à la hauteur du Président : en plus de lui assurer une protection rapprochée, nous nous serions attachés à mettre en sécurité son environnement immédiat, mais aussi un périmètre plus élargi. Je m'en rends compte maintenant, c'est sans doute cette réponse qui a déclenché la suite des événements de ces dernières semaines. Secoués par l'attentat qui avait coûté la vie au Président Sadate, les proches de François Mitterrand étaient inquiets pour sa sécurité...

Avant de prendre congé, Charles Hernu s'est adressé directement à moi – et non au directeur de la gendarmerie, comme l'aurait réclamé l'usage – pour me faire part de ses observations :

– Mon commandant, la réputation du GIGN me permettait déjà de savoir qui vous étiez. Ce que nous avons pu admirer aujourd'hui est d'un niveau exceptionnel, mais nous sommes encore plus impressionnés par la manière dont vous concevez vos missions.

Puis il s'est tourné vers mon supérieur pour conclure :

– Monsieur le directeur-général, je vous remercie de votre accueil. Le GIGN est une unité importante et doit poursuivre sa mission. Merci, messieurs, et bravo !

C'était dans la poche ! Plus question de dissolution : nous étions sauvés !

Quelques semaines plus tard, j'étais convoqué à l'Élysée par un certain François de Grossouvre, conseiller spécial du Président. Je m'y suis rendu, curieux de savoir ce qui me valait l'honneur d'un tel entretien. Grossouvre m'a remis un document confidentiel d'une vingtaine de pages, intitulé *Étude de vulnérabilité du chef de l'État*, qu'il m'a prié de lire immédiatement afin de lui donner mon avis. Il ne m'a pas fallu longtemps pour me faire une opinion : le rapport, réalisé par la DGSE, était accablant. Comme il me le demandait, j'ai fait part de mes impressions à François de Grossouvre : d'après ce document, la sécurité du Président de la République semblait carrément inexistante...

– C'est bien mon avis. Vous l'avez compris : il s'agit maintenant pour nous de créer une unité de protection du Président de la République. Et la seule personne capable de concevoir ce genre de dispositif, c'est vous. Alors mettez-vous au travail, vous avez huit jours pour me faire une proposition.

– Mais je...

– Au revoir, mon commandant. À la semaine prochaine.

J'ai planché comme un fou sur le dossier ! Tout était à inventer, mais mon expérience au GIGN m'a permis de mettre noir sur blanc les grandes lignes. Huit jours plus tard, j'ai rendu mon travail à François de Grossouvre avec la satisfaction du devoir accompli. Lui aussi a eu l'air satisfait et m'a demandé d'aller en parler avec un dénommé Rousselet, directeur du cabinet du Président. Ça m'a surpris, mais j'ai obtempéré. Moi qui n'avais jamais mis les pieds à l'Élysée – je m'y sentais aussi intimidé que mal à l'aise –, j'en devenais malgré moi un habitué !

Fin juin, André Rousselet me recevait dans son bureau, pour me dire tout le bien que François de Grossouvre avait pensé de mon rapport. Il était pressé, et cassant.

– Vous commencez quand ?

– Quand vous voulez, monsieur le directeur. Il me faut un peu de temps pour choisir l'officier qui commandera cette unité, et sélectionner le personnel...

– Attendez, mon commandant. J'ai l'impression que vous n'avez pas tout suivi. C'est vous, l'officier en question. On ne vous l'a pas dit ?

– Non, monsieur le directeur. Et il n'en est pas question. Je veux bien tout mettre sur pied, mais je ne viens pas à la présidence.

– Écoutez, j'ai l'impression que vous ne mesurez pas bien ce que je vous propose. Je vous laisse deux ou trois jours pour y réfléchir. Prenez conseil autour de vous et revenez me voir.

Là, le ciel m'est tombé sur la tête. Je m'attendais à tout, sauf à une telle proposition ! Pour moi, il n'était pas envisageable de me retrouver dans un bureau, fût-il élyséen, ni de me mettre au service d'un gouvernement socialiste...

Trois jours plus tard, je suis retourné voir Rousselet pour lui confirmer mon refus. Il l'a assez mal pris, et m'a sommé de réfléchir :

– Mais c'est incroyable ! Vous êtes têtu comme un âne bâté ! Une mission comme celle-là ne se refuse pas, mon commandant. Vous êtes militaire, vous devez obéir.

J'ai obtenu quelques jours de réflexion supplémentaires. Toutes les personnes auprès desquelles j'ai pris conseil m'ont fait la même réponse : visiblement, je n'avais pas le choix. En refusant, j'étais grillé ; en acceptant, j'étais cuit !

Je n'ai vu qu'une issue pour sortir de ce dilemme : me faire récuser par François Mitterrand en personne. En désespoir de cause, j'ai donc suggéré à André Rousselet qu'il organise une entrevue avec le Président...

C'était cet après-midi, à 16 heures. Je dois l'avouer, quand l'huissier m'a fait entrer dans l'immense bureau présidentiel, j'étais dans mes petits souliers... Le chef de l'État était assis à sa table de travail. Il s'est levé pour m'accueillir et me serrer la main.

– Bonjour, commandant. Je vous attendais. On me dit que ma sécurité laisse à désirer et que vous allez être chargé de revoir tout cela.

Il m'a fait asseoir et m'a demandé de lui détailler mon projet. J'avais tellement le trac que j'ai cru ne jamais parvenir à aligner un mot devant l'autre ! J'ai essayé d'être clair et concis. Il m'a écouté avec attention ; pour finir, j'ai insisté sur le fait que si j'étais responsable de sa sécurité, il m'aurait sur le dos jour et nuit. J'étais sûr que cela lui semblerait inacceptable et que mon chemin de croix s'arrêterait enfin. Il m'a juste répondu :

– Oh, mais dites, commandant, c'est lourd, ce que vous me demandez là...

J'ai compris que c'était fichu : si *lui* acceptait mes conditions, comment pouvais-je refuser cette proposition ?

– Parlez-moi donc un peu de vous, du GIGN...

Comment « parler un peu de soi » au Président de la République ? Il a sans doute bien d'autres sujets de préoccupation ! Après avoir présenté rapidement ma situation familiale, je lui ai exposé de façon succincte l'histoire du GIGN, en mettant l'accent sur l'éthique de notre mission : sens du devoir, protection de la démocratie et surtout respect de la vie. Il m'a écouté, sans que je sache si c'était par politesse ou par intérêt.

– Bon, commandant. Je crois que nous sommes amenés à nous revoir...

Cette fois, il me fallait prendre congé. Mais je ne pouvais pas partir sans lui dire ce que je ruminais depuis plusieurs jours...

Dans un ultime effort, et sans bafouiller, je me suis lancé :

– Monsieur le Président, pardonnez-moi, mais il faut que je vous avoue quelque chose. Je voulais que vous sachiez que je n'ai pas voté pour vous.

Il m'a regardé, l'air amusé :

– Ah ! Ce n'est que cela ? Ne vous en faites pas, il y en a eu assez... Ça n'a aucune espèce d'importance pour moi. À demain.

Je l'apprendrai plus tard : si mon arrêté de nomination n'a été publié au *Journal Officiel* que vers fin juillet, ma mise à disposition auprès de la présidence pour une « mission de la plus haute importance » a été notifiée par le ministre de la Défense – dont dépend la gendarmerie, à laquelle j'appartiens – le 4 juillet, date de ma dernière entrevue avec André

Rousselet. Et j'ai eu la naïveté de croire qu'on me laissait le choix ! Tout l'Élysée était au courant avant moi...

Mais pour l'instant, une seule chose me préoccupe vraiment : rentrer chez moi, annoncer à Chantal que ma (notre !) vie a basculé cet après-midi dans les bureaux de l'Élysée, et dormir un peu pour être en état d'affronter, demain, ma première journée aux côtés du Président de la République.

J'ai l'impression d'être un cosmonaute qui passe sa dernière nuit sur Terre avant d'être propulsé sur la Lune...

*
* *

Je n'arrive pas à me souvenir si cette nuit du 13 au 14 juillet 1982 fut troublée par la perspective de ma première mission auprès du Président. Chez moi, en général, la réflexion sur l'aspect technique de mon travail prend le dessus sur le trac et l'angoisse. Logiquement, je devais me sentir assez tranquille : après tout, ce 14 juillet n'était qu'une journée d'observation, destinée à me familiariser avec l'univers présidentiel. Il me semble que la seule chose à craindre était la panne de réveil !

À 9 h 15 précises, je suis dans la cour de l'Élysée, après quelques sueurs froides : j'ai complètement oublié que pour le défilé, tout le périmètre des Champs-Élysées est interdit à la circulation. J'ai dû utiliser sans économie mon gyrophare et ma sirène deux tons pour franchir les barrages et accéder au palais. Pas question d'être en retard : les « privés » ne m'attendront pas... Ils sont tous là, et je sens leur hostilité me tomber sur les épaules comme une chape de plomb. Seul Renaut fait un effort pour se montrer aimable.

– Vous êtes en S1, mon commandant...

– Oui, je sais, merci. Je me mettrai à l'avant avec le chauffeur.

Je sens une sourde protestation de la part des trois hommes qui doivent embarquer dans la voiture avec moi. Je n'en ai cure. Puisqu'ils sont désagréables, je le serai aussi. De toute façon, il n'est pas question que je m'entasse sur le siège arrière entre deux fonctionnaires bougons. D'abord, j'ai besoin de voir et de comprendre les dispositions prises pour la sécurité du Président. Et puis je sens sous mon aisselle gauche la présence rassurante de mon MR73 5 pouces 1/4, qui m'a accompagné dans toutes les opérations du GIGN : Djibouti, Clairvaux, Orly, Ajaccio... Je ne suis évidemment pas censé m'en servir, mais en cas d'urgence, comment dégainer si je ne peux même pas soulever le bras, coincé par mes voisins ? Je suis sûr qu'il ne se passera rien, mais j'ai besoin de me dire que je pourrais réagir s'il m'arrivait quelque chose...

Ornée du drapeau aux armes présidentielles, la R30 noire et rutilante attend devant le perron de l'aile est de l'Élysée. Je vais saluer Jacques Attali, François de Grossouvre et le commandant militaire du palais, qui attendent François Mitterrand sur les marches. Ce n'est qu'avec quelques mois de pratique que je réaliserai combien le calme qui règne dans la cour ce matin-là est exceptionnel : pour une fois, la traditionnelle cohorte des courtisans, guettant en rang d'oignons l'occasion de voler une poignée de main ou une marque d'attention au Président, est absente. Comme tous les 14 Juillet, ils sont déjà installés dans les tribunes montées pour l'occasion place de la Concorde...

François Mitterrand arrive, et s'avance vers moi pour me dire quelques mots qui deviendront rituels :

– Ah, vous êtes là, commandant ?

Son étonnement m'étonne ! C'est bien lui qui m'a demandé d'être présent aujourd'hui ! Avant que j'aie le temps de lui répondre (mais lui répondre quoi ?), il ajoute :

– Soyez vigilant...

Comment ça, vigilant ? Je croyais être juste là en observateur, et voilà qu'en deux mots, il me charge de veiller sur lui ! Je ne connais rien de l'organisation de cette journée, ni des mesures prises pour sa sécurité ; j'ignore même l'itinéraire que nous devons emprunter ! Avec un sens de la repartie qui force l'admiration, je bafouille :

– Bien sûr, monsieur le Président.

Il ne m'entend même pas – tant mieux, car la banalité de ma réponse m'afflige, tant elle est conforme au stéréotype du militaire sans vocabulaire – et s'engouffre dans sa voiture. Je rejoins au plus vite la « mienne », en notant l'exaspération de mes compagnons de voyage, visiblement agacés par cette marque d'attention présidentielle pourtant bien anodine. À travers les rues de Paris, désertes comme je ne les ai jamais vues, nous suivons de près la voiture présidentielle qui file vers la place de l'Étoile, d'où doit partir le défilé.

Voilà, nous y sommes. François Mitterrand est maintenant installé dans le *command-car* qui l'attendait à l'Étoile, et descend lentement les Champs, suivi par la garde républicaine à cheval. Notre S1 longe les barrières qui bordent le trottoir, à quelques mètres du Président. Une foule compacte se presse sur l'avenue, les enfants sur les épaules des papas. Une forêt de périscopes est braquée vers le chef de l'État. Je réalise le côté dérisoire de ma situation : en cas de débordement, ni les fragiles barrières ni les quelques policiers alignés de loin en loin ne seront d'un quelconque secours... Et je préfère ne pas penser à ce qui se passerait si par malheur il prenait l'envie à un malade de passer à la postérité en descendant François Mitterrand, dont les mots résonnent encore à mes oreilles : « Soyez vigilant... »

Inquiet, j'interroge Renaut :

– Vous savez quel dispositif est en place pour surveiller la foule ?

– Ah non ! Ce n'est pas mon problème. Ce sont les RG (Renseignements généraux) qui s'occupent de ça...

De toute évidence, ça ne le perturbe aucunement d'ignorer ce qui se passe à côté de lui. Moi, au milieu des applaudissements de la foule, j'ai la désagréable impression qu'un agresseur se cache derrière chaque spectateur. Je peux surveiller le grand espace vide qui me sépare du véhicule présidentiel, et balayer du regard les deux côtés de l'avenue. Mais derrière moi ? Il me semble que je suis entouré de mille dangers…

Nous sommes presque au tiers du parcours quand les choses se gâtent. Le RPR a regroupé un grand nombre de militants et organisé une formidable « broncha », un chahut de tous les diables : le passage du *command-car* déclenche sifflements et quolibets. Je suis à la fois scandalisé et effondré. Scandalisé que la fête nationale soit utilisée à des fins politiciennes par le RPR, ma famille politique : comment peut-on insulter de la sorte, au mépris de toutes les règles républicaines, le chef de l'État élu au suffrage universel ? J'ai honte… Et je suis effondré par l'incapacité des RG à anticiper ce genre de manifestation : comment ont-ils pu ne pas être au courant d'un événement d'une telle ampleur ? Si ce type de renseignement ne leur est pas parvenu, qu'en est-il d'autres informations plus sensibles ?

Le reste de la cérémonie se déroule sans incident. Je profite du défilé – que je suis d'un œil distrait depuis le bas de la tribune – pour réfléchir un peu à ce que ces deux premières heures mettent en évidence : ma mission m'apparaît beaucoup plus compliquée que ce que je pensais ! Pour l'équipe de Renaut, l'action se limite à une présence qui n'a rien de professionnel… Ils avancent à côté du Président sans avoir élaboré de manœuvre précise à effectuer en cas de problème et serviraient tout au plus de bouclier humain si un agresseur tentait d'approcher François Mitterrand. Ils ne semblent pas en grande forme physique, et je préfère ne pas penser à leurs qualités de tireurs... De plus, ils n'ont aucune idée de l'environnement dans lequel ils évoluent, et aucun contact avec les services susceptibles de les renseigner sur la question. Même pas de contacts avec les RG, c'est inouï !

Nous reprenons les voitures pour parcourir le court trajet qui nous sépare de l'Élysée, où se déroule la traditionnelle garden-party. Ça ne s'arrange pas ! Cinq ou six mille personnes ont été invitées... Aux entrées, c'est une bousculade indescriptible. Les gardes républicains responsables de la sécurité du palais font ce qu'ils peuvent avec la liste des invités fournie par le protocole, c'est-à-dire pas grand-chose. La partie est facile pour les resquilleurs !

– Je suis invité par monsieur le conseiller Untel.

– Mais vous n'êtes pas sur la liste...

– On m'a dit que mon carton serait à l'entrée.

Derrière, ça pousse, ça proteste, ça tempête ; certains arrivent même à se glisser entre les barrières du contrôle. De guerre lasse, le garde laisse passer l'importun...

Dans le jardin, les invités s'affairent autour des somptueux buffets. Sans distinction (dans les deux sens du terme !), personnalités et quidams s'adonnent à un exercice difficile : engloutir le maximum de nourriture en un minimum de temps. Je les observe, fasciné : on dirait qu'ils n'ont pas mangé depuis des jours ! Rien ne les arrête. On joue des coudes, on se bouscule, il faut remplir à tout prix son assiette, avant le voisin, et si possible mieux que lui. On sent chez certains une grande expérience : le verre dans une main, ils attrapent de l'autre tout ce qui est à leur portée. Au milieu de la mêlée, une dame d'un certain âge, très chic, remplit son sac à main de petits fours. J'hésite entre le fou rire et l'écœurement…

Une fois le buffet ratissé, un autre exercice s'impose : la chasse aux célébrités, caméra ou appareil photo au poing.

– T'as vu ? C'est machin !

– Mais non !

– Je t'assure que si ! Qu'est-ce qu'il a grossi…

Zoom avant, zoom arrière ; Machin est dans la boîte, même si ce n'est pas lui !

Tout à coup, un mouvement de foule attire mon attention : parcouru d'un murmure, le troupeau se regroupe vers la terrasse en courant, en une masse compacte. Chacun se hisse sur la pointe des pieds pour tenter de mieux voir ce qu'il y a à voir : le Président vient de sortir du palais ! Quand il descend les marches du perron pour rejoindre la foule sur la pelouse, ça frise l'émeute. Une dizaine de gardes républicains l'entourent, bousculés en tous sens, qui font ce qu'ils peuvent pour permettre à l'hôte de ces lieux d'avancer et de serrer quelques mains sans périr écrasé. On se croirait à la sortie d'un concert des Beatles, à l'époque de leur gloire. Les gens l'appellent, l'interpellent, le congratulent…

– Bravo, François !

– On est avec toi !

Une dame se sent mal ; un homme tend une lettre ; tous veulent le toucher. Calmement, le Président dit un mot à l'un, reconnaît l'autre et l'appelle par son prénom... Effaré, je regarde ce spectacle invraisemblable sans savoir quoi penser. Mais instinctivement, je me rapproche de lui ; on ne sait jamais.

J'ai bien fait. Les foules sont imprévisibles : en un instant, sans raison précise, la cohue dégénère en hystérie collective ! Le Président, qui a demandé aux gardes de s'écarter un peu pour pouvoir converser avec ses visiteurs, se retrouve écrasé par une marée humaine totalement incontrôlée. Il tente de se dégager, en vain. En quelques coups de coude, j'arrive à sa hauteur pour prêter main-forte aux gardes. Péniblement, nous l'aidons à faire demi-tour pour qu'il puisse regagner le palais.

– Merci, commandant. Vous allez avoir du travail, je pense. Passez me voir !

À peine a-t-il disparu que le calme revient ; les invités retournent faire main basse sur ce qui reste des buffets...

Un peu plus tard, je quitte l'Élysée comme saoul de cette première journée. La pelouse du jardin, d'habitude impeccable, ressemble à un champ de bataille : elle est jonchée de papiers gras, journaux, serviettes, mégots... J'aperçois même une chaussure de femme, abandonnée au milieu. Comment peut-on oublier sa chaussure à l'Élysée ?

Ma tête elle aussi est un vrai champ de bataille. Dans quel monde ai-je atterri, et par quel bout commencer la mission qu'on m'a confiée ? La petite phrase du chef de l'État résonne à ma mémoire :

– Vous allez avoir du travail, je pense...

Et comment !

– 2 –

Un juillet agité

Les jours qui ont suivi cette mémorable fête nationale n'ont pas été simples à gérer. Il fallait tout mettre en place rapidement... Avec beaucoup de mal, j'ai fait comprendre à la direction du personnel de la gendarmerie qu'il était dangereux pour l'efficacité du GIGN, dont l'effectif était de cinquante hommes, de prendre plus de vingt pour cent du personnel pour encadrer et former l'unité chargée de la sécurité du Président. Je devais au plus vite organiser un recrutement spécial, sans trop expliquer pour quelle mission (il n'était pas question d'ébruiter la création de cette nouvelle unité tant que nous n'étions pas opérationnels), tout en exigeant un haut niveau. C'est comme cela que le terme d'« unité supplétive au GIGN » a été choisi pour nommer provisoirement le futur groupe.

Comme nous étions en pleine période de vacances estivales, impossible d'envisager la sélection des volontaires avant la fin du mois d'août. Cela me laissait un peu de temps pour tout préparer : les programmes de formation, les schémas opérationnels, la préparation tactique, les équipements spécifiques, l'habillement, les locaux...

Il me fallait aussi trouver un adjoint. J'avais déjà mon idée sur la question : dès que j'ai su qu'on me confiait cette mission, j'ai pensé à Alain Le Caro. Cet officier avait brillamment passé les tests six ans plus tôt, lorsque je cherchais un bras droit pour le GIGN. J'avais eu du mal à choisir entre Paul Barril et lui. J'avais pris Barril mais j'avais promis à Le Caro de ne pas l'oublier la prochaine fois que je chercherais quelqu'un pour un travail d'importance. Le moment était venu de l'appeler.

– Alain ? C'est Christian.

– Christian ! Toutes mes félicitations ! C'est super, pour la gendarmerie !

– Oui... Ça ne m'emballe pas vraiment, tu sais, mais je n'ai pas le choix. Écoute, j'ai absolument besoin d'un adjoint. Tu te souviens, je t'avais promis de t'appeler le jour où...

– C'est vraiment sympa, mais il y a un problème. Je viens d'être muté, ça m'étonnerait que la direction accepte ta demande...

– T'occupe, j'en fais mon affaire. Ils trouveront quelqu'un d'autre. Tant pis pour tes « permes », dans huit jours tu es ici et tu suis une formation GIGN accélérée. Comme ça, tu auras un peu d'avance sur les gars que nous allons choisir.

– Bon, d'accord, mais je doute un peu que les grands chefs acceptent. Par contre, si ça marche, je voudrais à mon tour te demander quelque chose.

– Je t'écoute.

– J'aimerais bien avoir auprès de moi le lieutenant Fortemps, un ancien de l'escadron para. C'est un type bien, Michel, et il rêve d'être au GIGN.

– Michel Fortemps, tu dis ? OK, je m'en occupe. À dans huit jours...

Comme je l'avais pensé, les mutations de Le Caro et de Fortemps n'ont posé aucun problème : le directeur de la gendarmerie avait donné des ordres pour que mon travail soit facilité. Et il le fut ! Cette grande et vieille maison qui avait toujours mis du temps à s'adapter au changement – j'en avais fait la pénible expérience lors de la création du GIGN – répondait à mes demandes avec célérité. Je découvrais avec amusement l'empressement de mes interlocuteurs, plutôt dû à mes fonctions à la présidence de la République qu'à l'intérêt porté à ma nouvelle mission.

Il faut dire qu'on avait tout fait pour que ma nomination ne passe pas inaperçue... Annoncée après le conseil des ministres du 17 juillet, elle fut reprise par la presse à grand renfort de titres accrocheurs. J'ai toujours eu conscience de la fragilité du succès, ce qui m'a permis de garder une certaine distance avec la notoriété. Au GIGN, après chaque opération, j'avais la certitude qu'à la suivante, nous repartirions de zéro : condamnés à réussir, en somme... Le mythe de Sisyphe devenu réalité ; un vrai cauchemar, en fait ! Aussi, même s'il était plutôt flatteur de me retrouver à la une des journaux, je gardais à l'esprit qu'en cas d'échec, la presse ne me ferait sans doute pas de cadeau... Je n'étais qu'au début de ma mission. Ma seule présence ne garantissait pas la sécurité du

Président, loin s'en faut ! Pourtant, je suis convaincu que s'il lui était arrivé quelque chose au cours de cette période de préparation, on me l'aurait reproché...

Le 14 Juillet, dans les jardins de l'Élysée, le Président m'a demandé de passer le voir. Deux jours plus tard, je m'apprête à le faire, et cette fois-ci, j'appelle moi-même son secrétariat particulier. Je tombe sur l'une des quatre assistantes de François Mitterrand, avec lesquelles je vais travailler toutes ces années. Trois d'entre elles le connaissent depuis longtemps ; très vite, elles me permettront de mieux comprendre et cerner sa personnalité, que le qualificatif de « complexe » ne définit que très partiellement ! Mais aujourd'hui, je ne les ai pas encore rencontrées.

– Secrétariat particulier du Président, j'écoute !

La voix est jeune et agréable, mais autoritaire, malgré des intonations chantantes. Il s'agit de Christiane, avec qui je sympathiserai plus tard. Pour le moment, elle me semble un obstacle quasi infranchissable ! J'hésite avant de me présenter en bredouillant un peu.

– Bonjour. Pardonnez-moi de vous déranger... Voilà... Je suis le commandant Prouteau, le Président m'a demandé de venir le voir l'autre jour, et j'appelais pour savoir quand je devais passer...

Tout en débitant mon laïus, je réalise que ma démarche doit lui sembler complètement farfelue. Comment peut-elle me croire ? Elle se tait un moment avant de me répondre.

– Attendez, s'il vous plaît.

Elle a dû éloigner le combiné de sa bouche, mais pas assez : je l'entends s'adresser à une autre personne.

– Marie-Claire, c'est le gendarme ! Il dit que le Président lui a demandé de passer...

Je ne peux pas saisir la réponse, mais manifestement, « Marie-Claire » ne me situe pas très bien : elle a besoin de plus de précision.

– Mais si, tu sais, Zorro ! Qu'est-ce que je lui dis ?

Zorro ! L'explication me semble un peu courte, et je me demande si j'ai choisi le bon moyen pour obtenir ce rendez-vous... Pourtant, quand j'étais dans son bureau, André Rousselet a bien appelé le secrétariat particulier !

Christiane s'adresse à nouveau à moi :

– Attendez, on lui demande.

En un instant, les choses ne me paraissent plus évidentes du tout. Et si j'avais mal compris l'invitation du Président ? Peut-être n'étaient-ce que des paroles en l'air ? Peut-être a-t-il déjà oublié ? Le temps me semble singulièrement long, et je tente de réfléchir à ce que je vais pouvoir répondre sans avoir l'air trop bête si la secrétaire me dit qu'il n'a pas prévu de me recevoir...

– C'est d'accord, commandant. Demain à 11 heures. Pas plus tard : après il part pour Latche. Vous êtes son dernier rendez-vous. Passez directement par notre bureau. Au revoir !

– Merci. À de...

Elle a déjà raccroché. Je suis soulagé, même si je trouve que demain, c'est un peu tôt ! Je n'ai aucune idée de l'objet de notre entretien, et je me demande ce que je vais lui raconter...

Le lendemain, me voilà à nouveau dans la cour de l'Élysée. Le garde reconnaît ma R5 Alpine et me laisse entrer. Je grimpe quatre à quatre les marches de l'escalier monumental jusqu'à l'étage des huissiers.

– Mes respects, mon commandant. Vous allez voir le directeur de cabinet ?

– Non, je vais voir le Président. Le secrétariat particulier m'a demandé de passer par leur bureau...

Pendant qu'il m'annonce par téléphone, je fixe le grand tableau en pied du général de Gaulle, dont la présence m'a déjà surpris lors de ma première visite : j'étais étonné qu'un Président socialiste laisse en place un tel portrait.

– Vous pouvez y aller mon commandant.

D'un geste, l'huissier m'invite à me diriger vers la gauche. J'hésite, sans savoir où aller. L'huissier remarque ma perplexité, et s'avance pour me montrer, cachée dans l'angle, une petite porte dérobée qui se confond avec les moulures du mur. Il l'ouvre.

– Prenez le petit couloir à droite, c'est la porte en face.

– Merci !

J'arrive dans une salle immense, éclairée par deux fenêtres tout en hauteur d'où l'on aperçoit le magnifique jardin de l'Élysée. Après la cohue de la garden-party, il a retrouvé calme et dignité. Au milieu de la pièce, quatre bureaux décalés vers le mur croulent sous les piles de papiers, journaux, bouquins et paquets de toutes sortes. Chacune des tables est occupée par une assistante affairée ; d'ailleurs, aucune d'entre elles ne semble avoir remarqué ma présence. Seul un petit chien genre teckel, que j'ai dû déranger, aboie furieusement tout en gardant ses distances.

– Tais-toi !

L'ordre est sec, mais ne calme pas l'animal pour autant.

– Bonjour, commandant. Je suis Marie-Claire P. Le Président va vous recevoir dans quelques minutes.

J'en profite pour me présenter à ces dames, qui se présentent à leur tour, de manière plutôt indifférente.

– Joëlle J.

– Paulette D.

– Christiane D. Je vous ai eu au téléphone. Alors, c'est vous le super-gendarme ?

Je reconnais la voix charmante. Elle émane d'une jolie petite brune frisée aux yeux bleus, qui se fiche gentiment de moi ! Pas le temps de réagir : François Mitterrand entre brusquement dans la pièce par une porte à droite, un parapheur à la main.

– Ah, commandant, vous êtes là ? Entrez donc.

Son bureau est toujours aussi impressionnant, et je ne m'y sens pas plus à l'aise qu'à notre dernier entretien. Il me fait asseoir.

– Alors, que pensez-vous de ce que vous avez vu ?

– Eh bien, c'est embêtant à dire, mais tout est à faire.

– C'est exactement ce que me disait Grossouvre. Comment allez-vous procéder ?

Je lui développe mon projet. Il m'écoute avec attention, puis intervient :

– Je sais que dans ce que vous allez mettre en place, mes policiers ne seront pas à la hauteur. Mais ils ont été fidèles, je ne veux pas leur faire de peine. Ils n'ont pas démérité, alors tâchez de leur trouver une petite place en marge de votre dispositif.

Alors là, c'est la tuile. J'avais pensé à tout sauf à ça ! Je comprends au ton du Président qu'il n'est pas question de refuser, ni même d'ergoter, alors que ce qu'il me demande va singulièrement me compliquer la tâche ! Dans le fond, je trouve la démarche sympathique : je n'imaginais pas que dans les hautes sphères du pouvoir on se préoccupait à ce point des problèmes humains. Mais ça ne m'empêche pas de répondre du bout des lèvres...

– Bien monsieur le Président.

Il sait qu'il me met dans l'embarras. Comme pour compenser, il ajoute :

– Venez me voir à Latche dimanche, vers 11 heures. Nous aurons un peu plus de temps pour parler et vous en profiterez pour voir comment fonctionne la sécurité là-bas.

Je prends congé... et me trompe de sortie ! La porte que j'ouvre me mène au bureau de Jacques Attali, passage généralement obligé pour accéder au bureau présidentiel. Comme il ne m'a pas vu entrer, il est surpris de ma présence.

– Bonjour mon commandant. Vous étiez chez le Président ?

Évidemment ! Où voulait-il que je sois ? Je sens comme une réprobation dans sa voix : visiblement, monsieur le conseiller spécial aime bien savoir qui a rendez-vous avec François Mitterrand...

*
* *

De retour chez moi, j'annonce à Chantal qu'une fois de plus, je ne serai pas à la maison dimanche... Elle me demande, désabusée :

– Je croyais que puisque tu quittais le GIGN, nous serions plus tranquilles ?

– Oui, bien sûr, mais il me faut du temps pour tout mettre en place. Au moins, je n'irai plus en opération, ça présente moins de risques...

Je pensais que cet argument était imparable : depuis que j'avais été blessé, ma femme supportait mal les dangers inhérents à mes activités au GIGN. Comme la plupart de mes gars, j'avais mis du temps à m'en rendre compte : ce qui pouvait nous arriver était dans l'ordre des choses, et il était plus simple de ne pas penser à ce que ressentaient nos proches.

– Christian, tu sais bien que ce n'est pas parce que ta vie sera moins exposée que ce ne sera pas dangereux...

La logique et l'instinct féminins ne sont pas mon fort ; je ne me risque donc pas à entamer une discussion sur ce terrain. Quelque chose me dit bien qu'une fois de plus, Chantal n'a pas tort, cependant je préfère mettre sa réaction sur le compte du peu de sympathie qu'elle éprouve pour François Mitterrand. Mais avec quelques années de recul, on peut dire que sa phrase était prémonitoire...

Je passe mon samedi après-midi sur la route, pour rejoindre Latche. Les kilomètres défilent en même temps que le film des jours précédents et la liste interminable de tout ce qu'il me reste à organiser pour mener à bien ma mission. Quand j'arrive enfin à mon hôtel, à Souston, j'ai l'impression d'avoir travaillé toute la journée ! Je dors d'un sommeil de plomb.

Le soleil cognant sur la fenêtre de ma chambre me réveille de bonne heure. J'en profite pour faire le tour des environs de la propriété de François Mitterrand, perdue en pleine forêt. On y accède par une petite route étroite, en suivant la pancarte en bois qui indique « La Bergerie ». Comme il est d'usage pour tous les Présidents, la gendarmerie assure la sécurité des lieux : pour moi, la première chose à faire est donc de rencontrer l'officier responsable.

Il m'accueille sans vraiment manifester de surprise, m'explique son dispositif et me fait visiter les différents postes de garde. Deux périmètres sont prévus : un large pour le jour, qui préserve l'intimité du Président et de sa famille ; et un plus resserré pour la nuit, quand la visibilité en sous-bois devient presque nulle. Des rondes complètent ces mesures sur lesquelles il y a peu d'observations à faire. J'attire tout de même l'attention de cet officier sur le fait qu'il serait préférable que les horaires des patrouilles soient aléatoires. Il en convient aisément, mais me montre le cahier de consignes : il y est stipulé qu'elles doivent avoir lieu à heures fixes. Un ordre est un ordre ! Je note également la vétusté de l'installation et de l'équipement – lits de camps, baraquement rustique et matériel radio des plus sommaires – en me promettant d'y remédier au plus vite.

Ce genre de mission m'est familier : le GIGN a souvent eu à évaluer la sécurité de sites dits « sensibles », de la résidence du Président Giscard d'Estaing à Authon en passant par les centrales nucléaires...

Le temps de faire le tour de la question, il n'est pas loin de 11 heures. Avec une certaine appréhension, je m'avance donc vers La Bergerie, une maison basse ancienne couverte d'un immense toit en tuiles rondes. Elle a le charme rustique des habitations du Sud-Ouest, posée dans une clairière sur un terrain légèrement pentu bordé par la forêt. À droite, ce qui devait être la bergerie d'origine a été aménagé en habitation ; de grandes portes vitrées en ferment l'entrée. Un âne broute à proximité, au milieu de quelques arbres fruitiers. Autour de la maison, l'herbe est fauchée et accueille un mobilier de jardin hétéroclite : une table, des chaises, des transats et un parasol. J'ai l'impression désagréable d'être entré comme par effraction dans l'intimité d'une famille... Un homme remarque ma présence et s'avance vers moi : c'est Roger Hanin. De sa voix forte à l'accent chantant, il lance un jovial :

– Tiens, on a de la visite !

– Bonjour monsieur. Je suis le commandant Prouteau, le Président m'a demandé de passer.

– Oui je sais. On n'entend parler que de vous, en ce moment !

Je sens ma gêne s'intensifier, et bredouille une réponse incompréhensible. Comment parvenir à rester naturel dans une situation aussi inconfortable ? Il me sourit.

– Venez, tout le monde est à l'intérieur. On prépare le déjeuner.

Je n'ai pas le temps de dire non, il m'entraîne dans la maison. Elle est décorée avec goût et j'y découvre des meubles anciens de la région. Huit ou dix personnes que je ne connais pas s'affairent dans la cuisine. L'ambiance est bruyante et chaleureuse, comme lors des dimanches d'été chez mes parents, en Vendée. Mais je ne suis pas chez moi, et mon malaise grandit. François Mitterrand, chemisette grise à carreaux, pantalon de toile beige et espadrilles, m'aperçoit enfin et vient me saluer. Sa tenue décontractée me surprend, et je me sens affreusement engoncé dans mon costume.

– Ah, commandant, vous êtes venu, c'est bien ! Vous n'avez pas eu de mal à trouver ?

– Non monsieur le Président. J'ai pris la route hier et j'ai dormi à l'hôtel à Souston. Ils m'ont indiqué le chemin.

– Vous êtes venu par la route ? Mais vous auriez dû prendre l'avion, c'est plus rapide et moins dangereux ! Tu entends, Danielle, il est venu par la route !

Présenter ce trajet comme un exploit et centrer la conversation autour de ma modeste personne sur un sujet aussi anodin ajoute encore à ma gêne, si c'est possible. Je ne peux quand même pas leur expliquer que la gendarmerie n'a pas l'habitude de faire voyager ses officiers par Air Inter ! Je tente une diversion en allant saluer l'épouse du Président, la seule personne dont le visage me soit familier.

– Mes hommages, Madame.

– Bonjour, commandant. Bienvenue à Latche.

La voix est douce, mais le ton autoritaire. J'ai l'impression qu'elle fait un effort pour se montrer aimable. Son mari coupe court à notre non-conversation.

– Vous venez commandant ? Allons marcher un peu, nous pourrons discuter. Vous déjeunez avec nous, bien sûr.

– Heu... Je ne voudrais pas déranger, je pensais...

– Non, non, vous étiez prévu, n'est-ce pas Danielle ?

Il ne lui laisse pas le temps de répondre, me prend le bras et m'entraîne dehors.

– Enlevez votre veste, il fait très chaud. Vous auriez pu vous habiller léger, on est à la campagne ici.

– Oui monsieur le Président.

J'ai l'impression de ne savoir dire que cela : oui monsieur le Président ; non monsieur le Président ; bien monsieur le Président...

Nous marchons un bon moment. Il connaît parfaitement les sentiers, et déborde d'énergie. Il me demande si j'aime la nature ; j'acquiesce imprudemment, ajoutant que j'ai été scout dans mon jeune âge. L'air de rien, il en profite pour me poser quelques questions assez faciles sur les essences qui longent notre chemin. Tout fier, je réponds sans me méfier ; ravi, il me colle sur deux arbres que je ne connais pas... et en profite pour me faire un petit cours de botanique. Pendant qu'il me raconte avec un certain lyrisme l'histoire de la forêt landaise, je m'aperçois qu'il m'a habilement manœuvré...

J'observerai ensuite à de nombreuses reprises – et avec un certain amusement, c'est toujours plus drôle quand on n'est pas soi-même la victime – cette manière bien particulière qu'il avait de piéger ses interlocuteurs, tellement systématique que je me demande même s'il en était vraiment conscient. Il attirait sa « proie » sur un terrain en lui donnant l'impression qu'il ne le maîtrisait pas bien, et au moment où elle commençait à se sentir en confiance, il reprenait l'initiative sur une erreur ou une imprécision, la plupart du temps provoquée par ses soins. La « proie » avait généralement du mal à reprendre l'avantage ; elle perdait les pédales et se rendait compte qu'elle s'était fait avoir, ce qui la perturbait davantage. Il sortait de ces joutes vainqueur et satisfait !

De retour à La Bergerie, nous passons à table. Le déjeuner est copieux, composé de spécialités de la région, et les discussions ressemblent à celles d'une famille ordinaire : on parle de tout et de rien... J'écoute en essayant de me faire le plus discret possible. Mais Roger Hanin finit par déranger ma relative quiétude.

– Alors, mon commandant, vous êtes un homme célèbre !

Je me retiens pour ne pas répondre une flagornerie

du genre « pas tant que vous, ou que le Président... », et me contente d'un modeste :

– Vous savez, je n'ai fait que mon devoir. La presse a toujours tendance à en rajouter...

Le Président fait écho :

– Ah, la presse...

Ouf ! Je pense être tiré d'affaire. Mais avec la faconde qu'on lui connaît, Roger Hanin insiste :

– Moi, ce que j'ai trouvé formidable, c'est ce que vous avez fait en Corse. Vous savez, les types armés dans l'hôtel ? Ils se sont rendus, je crois ?

– Oui, au moment de l'intervention, je me suis trouvé face à face avec Lorenzoni, leur chef, qui tentait de s'échapper par les toits. Je lui ai parlé en essayant de ménager son amour-propre, et je l'ai convaincu de déposer les armes. Cette affaire aurait pu se terminer dans un bain de sang : ils étaient plus de trente. J'avoue que nous sommes assez fiers d'avoir pu éviter le pire. Dans le contexte de l'époque, compte tenu du tempérament corse et du climat insurrectionnel – il y avait déjà eu trois morts –, tout était possible sur l'île...

J'ai le sentiment d'avoir monopolisé la conversation. Je m'arrête, surpris par mon audace. François Mitterrand enchaîne :

– On doit toujours laisser une place à la négociation. Mais parfois, elle ne peut avoir lieu.

La discussion se poursuit sur ce thème, sans moi : je la suis avec politesse en me gardant d'intervenir. Une fois le café servi, le maître de maison se lève de table.

– Commandant, je vais lire un peu au soleil. Je vous retrouve vers 15 heures ?

– Oui monsieur le Président.

Ça y est, je recommence !

J'ai une grosse heure à tuer avant de le retrouver. Une petite balade digestive me fera le plus grand bien et me permettra de décompresser un peu. Sur le chemin, je croise l'un des « privés » avec qui j'ai partagé la voiture du 14 Juillet. Les mains dans les poches, en tenue décontractée, il a dû aller déjeuner en ville pendant que les gendarmes veillaient. Surpris de me voir, il marmonne un bonjour à peine audible : l'ambiance est toujours aussi cordiale entre nous. J'ai envie de me poser quelque part pour être un peu au calme. Direction le lac de Souston. Manque de chance, il est noir de monde ! Impossible de se garer... J'ai juste oublié que nous sommes dimanche, en plein mois de juillet, sous un soleil de plomb. Les gens sont en vacances et cherchent la fraîcheur... Tant pis pour ma récréation ; de toute façon, il est bientôt 15 heures.

Je suis un peu en retard. La maison est grande ouverte et totalement silencieuse. Ils doivent tous être en train de faire la sieste. J'hésite à entrer. Mme Mitterrand, qui m'a aperçu, m'invite d'un signe à me diriger vers la gauche. D'où je me trouve, je ne vois qu'un grand chapeau de paille qui dépasse d'une chaise longue. Je m'approche : le Président est là, un livre ouvert entre les mains. À côté de lui, trois autres livres hérissés de marque-page donnent à penser qu'il les a également commencés – il lirait quatre ouvrages de front ? On m'a parlé de sa passion pour la lecture, mais là, ça m'épate !

– Ah, vous êtes là, commandant. Venez vous asseoir.

Je m'installe sur le repose-pied du transat voisin comme sur un tabouret, ma veste posée sur mes genoux.

– Comment trouvez-vous la région ?

La question me prend de court : je n'ai pas vraiment eu le temps de faire du tourisme ! Je connais mal le Sud-Ouest, excepté Pau où nous nous rendions régulièrement avec le GIGN pour des séances de saut en parachute. Mais nous n'avions guère l'occasion de nous promener. Vite, trouver une réponse acceptable...

– C'est très beau et calme. Cette forêt donne l'impression de ne pas avoir de fin : ça a quelque chose d'apaisant...

Qu'est-ce que c'est nul ! J'aurais mieux fait de me taire. Tout ce que je lui dis me semble d'une affligeante banalité. Il me répond quand même avec indulgence.

– Oui, c'est pour cela que j'aime cet endroit perdu. On a le sentiment que personne ne viendra vous chercher là. L'espace vous protège... Vous m'avez parlé de l'importance que vous donniez au respect de la vie, dans votre mission. Pour vous, est-ce une question d'éthique, ou une attitude par rapport à la mort ?

Je n'en reviens pas. Depuis des années que je fais

ce métier, c'est la première fois que l'on me pose ce genre de question. Mes interrogations, mes doutes sur ce pouvoir monstrueux que nous détenons au GIGN n'intéressent jamais personne, quand ils ne dérangent pas carrément...

– Pour moi, la mort fait partie de la vie, elles sont indissociables... Mais le respect de la vie passe avant tout. Il a fallu que j'obtienne de mes hommes une adhésion totale à ce principe fondamental, et je n'aurais pas accepté le contraire. Afin que ce soit clair pour eux, j'ai appelé ça « le pouvoir de Dieu ». Cela peut paraître démesuré mais lorsque nous intervenons, nous avons le pouvoir de vie ou de mort ; en avoir conscience change tout au moment où l'on décide d'agir... Nous n'avons pas à juger, nous ne sommes pas les exécuteurs des hautes œuvres, ni le bras armé de la vengeance populaire. À l'instant où nous agissons, tuer n'est que l'ultime moyen de supprimer le danger, quand tous les autres ont été utilisés.

Il m'écoute. Je suis un peu gêné d'être allé si loin.

– Et la mort pour vous ? Vous l'avez frôlée de près, je crois. Racontez-moi, qu'avez-vous ressenti ?

Sa question accentue mon malaise. Je sens bien qu'il attend de moi autre chose que le récit de ce coup de fusil pris en pleine tête lors d'une mission du GIGN, mais je ne comprends pas ce qu'il cherche exactement. Si je me suis beaucoup interrogé sur la mort, c'est toujours en pensant à la disparition des autres, et non en m'arrêtant sur la peur de perdre ma propre vie.

– C'était il y a deux ans, à Pauillac – pas très loin

d'ici, d'ailleurs. Il faisait nuit. Depuis plusieurs heures, un forcené retranché dans sa maison tirait sur tous ceux qui essayaient de s'approcher. Nous en avons désarmé souvent, des types de ce genre... J'avais enfin réussi à établir un contact avec lui. Je lui parlais à travers la porte d'entrée, qui était vitrée, et je pouvais le voir grâce à un réverbère qui éclairait faiblement. Il était caché derrière un lit qu'il avait décalé du mur, son fusil pointé dans ma direction. Trois mètres nous séparaient, pas plus, mais il ne devait apercevoir que ma silhouette. Tout à coup, quelqu'un qui se trouvait derrière moi a allumé un projecteur qui l'a ébloui. Il a eu peur et j'ai su qu'il allait tirer : je l'ai lu dans ses yeux, des yeux fous. À partir de cet instant, ma perception de l'environnement a ralenti progressivement ; j'ai vu la flamme orange du coup de feu. Instinctivement, comme pour me protéger, j'ai tourné la tête à gauche en pensant « mon Dieu, je suis foutu ». J'ai eu l'impression que la décharge m'arrachait la tête, et puis j'ai entendu la détonation, démesurée. J'ai vrillé sur moi-même et je suis tombé. J'ai perdu connaissance. C'est un peu comme la musique d'un tourne-disque qu'on débranche et qui ralentit jusqu'à s'arrêter...

Il ne dit rien pendant plusieurs secondes. Je me doute que ce n'est pas tout à fait ce qu'il espérait entendre, et j'ai peur d'avoir été trop long.

– Cela a dû être une épreuve. Comment avez-vous réagi ?

– Essentiellement par rapport à mon travail. En tant que chef, c'était une faute d'être blessé et de ne pas pouvoir mener à bien cette opération. En revanche, je n'ai pas voulu voir la souffrance des miens, sans doute parce que m'en préoccuper m'aurait empêché de continuer. Après deux mois d'hospitalisation, j'ai repris mon poste en faisant comme si rien ne s'était passé, bien que cette expérience m'ait perturbé. Je pense que ce que j'avais lu chez de grands auteurs m'a aidé...

– Ah bon, vous lisez ?

Il semble que cela lui paraisse totalement incongru ! Je me retiens de lui dire que j'aime aussi la musique, la peinture et bien d'autres choses. J'ai l'impression qu'il a une vision caricaturale des militaires.

– Oui, j'ai beaucoup lu jusqu'à la création du GIGN. Après, je n'ai pas su trouver le temps. J'aime particulièrement Montaigne et Voltaire, dans lesquels je me replonge parfois...

Sans raison apparente, il change tout à coup de sujet. Je suis déçu ; j'espérais sans me l'avouer que nous aurions un échange d'idées sur l'approche philosophique de la vie de mes écrivains favoris.

– Vous avancez dans vos projets ?

– Oui monsieur le Président. Cependant je voudrais être sûr de ne pas passer techniquement à côté de quelque chose d'important. J'aimerais pouvoir observer une unité ayant beaucoup d'expérience en la matière, ne serait-ce que pour vérifier que je n'ai rien oublié.

– À qui pensez-vous ?

– Aux Américains, même si l'Histoire a montré qu'à plusieurs reprises ils n'ont pas brillé dans ce domaine. Il s'agit de l'USSS, *United States Secret Ser-*

vice. Je peux les rencontrer, mais il faudrait que j'aille passer trois ou quatre jours à Washington.

– Eh bien allez-y. Voyez cela avec mon cabinet. Maintenant je vais vous laisser rentrer. Bon retour commandant et demandez que l'on vous trouve un bureau, vous appartenez à l'Élysée, maintenant... Ah, pendant que j'y pense, il est hors de question que je mette ces machins pare-balles ou je ne sais quoi, c'est ridicule ! Arrangez-vous pour qu'ils ne soient pas nécessaires. Allez, au revoir !

Il ne manquait plus que ça. Et je fais comment, sans gilet pare-balles ? S'il ajoute une contrainte au cahier des charges à chaque fois que je le rencontre, je ne vais jamais m'en sortir... Je prends la route pour Paris en ruminant ce que j'aurais dû lui dire, avec une furieuse envie de tout laisser tomber.

*
* *

Lundi, le jeu de piste recommence : à qui dois-je demander les moyens de partir pour Washington ? Et qui est censé me procurer un bureau ? Habitué à l'organisation toute militaire de la gendarmerie, j'ai un peu de mal à trouver mes nouveaux repères. Je demande un entretien à François de Grossouvre, qui me reçoit rapidement.

– Bonjour mon commandant. Vous étiez à Latche ?

– Oui monsieur. Le Président est d'accord pour que j'effectue un déplacement aux États-Unis afin que j'observe comment travaillent les Américains. Il souhaite également que j'aie un bureau ici au plus vite, et m'a conseillé de régler ces questions avec le cabinet.

– Eh bien oui, mon petit, allez-y. Vous n'avez pas besoin de moi pour ça. Voyez avec Colliard, le directeur de cabinet adjoint. À bientôt, j'ai du travail.

Le message est clair et cinglant : je me suis trompé de personne... On ne dérange pas monsieur de Grossouvre pour de vulgaires questions d'intendance. Comment pouvais-je le savoir ? Sa réaction m'a un peu vexé : si je suis là, c'est tout de même par sa faute...

Au fil du temps, je me suis habitué au mauvais caractère de cet étrange vieux monsieur plein d'allure. Au palais, on le surnommait « Barbichette » ou « le Cardinal » (il avait d'ailleurs une certaine ressemblance avec Richelieu) à cause de sa petite barbe grise toujours parfaitement taillée. Il a été beaucoup critiqué, mais je l'aimais bien. Son côté vieille France, son dévouement exclusif au Président, la terreur qu'il inspirait à ses secrétaires (qui ne tenaient jamais le coup plus de deux mois), son goût immodéré pour le renseignement, ses colères excessives, sa passion pour la chasse, les fusils et les chevaux... Tout cela en faisait un véritable personnage de roman.

Je quitte un barbu pour un autre, au style bien différent. Jean-Claude Colliard, que je ne connais pas encore, a fait sensation lors de l'installation de la nouvelle équipe à l'Élysée en se déplaçant exclusivement... à moto ! Universitaire, la trentaine, il fait partie de ces jeunes conseillers « post-soixante-huitards » et adeptes du tutoiement dont l'arrivée a un peu bousculé les habitudes du vieux palais. Pas bien longtemps : le protocole et la hiérarchie ont vite repris le dessus sur le style « cool ». Mais même quand il sera nommé à la place de Rousselet, Colliard n'abandonnera jamais sa vieille 500 Four Honda.

Sous prétexte de sécurité, j'ai fait le tour de l'Élysée quelques jours plus tôt, ce qui m'a permis de repérer les lieux. C'est donc sans l'aide de personne que je me suis rendu au bureau de Jean-Claude Colliard, situé dans l'aile est, à l'opposé de celui de François de Grossouvre. Il me reçoit la pipe vissée à la bouche.

– Bonjour mon commandant, comment allez-vous ? Vous étiez à Latche ?

C'est la deuxième fois qu'on me pose cette question en moins d'un quart d'heure. Chez Colliard, je perçois un soupçon d'envie dans le ton... Décidément, cette visite chez François Mitterrand semble avoir une importance que je ne soupçonnais pas.

– Que puis-je faire pour vous ?

– Avec l'accord du Président, je dois me rendre à Washington trois ou quatre jours pour rencontrer le FBI. Il m'a également dit qu'il me fallait un bureau ici.

– Pour votre déplacement, vous n'avez qu'à donner vos dates à ma secrétaire, elle s'occupera de votre billet. Je vous ferai une avance pour vos frais. Pour le bureau, cela va être moins simple : c'est plein comme un œuf, ici. Mais on va trouver une solution. Bon voyage !

Je découvre avec bonheur les facilités que m'offre mon nouveau poste : à la gendarmerie, il aurait fallu que je m'y prenne deux mois à l'avance – et encore – pour organiser ce voyage !

Heureusement que, par l'Élysée, ces choses-là sont plus simples : je n'ai pas de temps à perdre... Dès mon retour de Latche, j'ai appelé mon ami John Simeone, agent spécial du FBI à Washington. Nous nous sommes connus il y a deux ans au GIGN : avec trois de ses collègues, il était chargé à l'époque de créer un groupe spécial anti-prises d'otages, pour lequel ils venaient suivre une formation antiterroriste accélérée. Depuis, je l'ai retrouvé régulièrement à la célèbre académie de Quantico où je donne chaque année des cours sur les techniques d'intervention.

J'ai expliqué ma nouvelle mission à John avant de lui demander qu'il m'organise une visite à l'USSS. Ça n'a pas traîné : à la fin de la journée, il me rappelait, ravi, pour m'annoncer que le directeur du FBI en personne avait pris l'affaire en main et m'attendait à Washington !

*
* *

Le surlendemain, je suis dans l'avion. Autre signe qui ne trompe pas : je ne voyage pas en classe Éco, mais en Club ! Confortablement installé, je profite de ces longues heures de déplacement pour travailler.

Et du travail, j'en ai à revendre ! Les informations que j'ai recueillies ces derniers jours me permettent de définir les premières bases de ce qui sera une sorte de GIGN « Protection ». Je me doute qu'il me reste beaucoup à découvrir de la vie à la présidence, mais j'adapterai mon projet au fur et à mesure.

Je peux d'ores et déjà identifier trois grands types de situations : les déplacements quotidiens prévus et imprévus, les déplacements officiels en France et à l'étranger, la vie privée. Pour l'instant, cette troisième partie me semble la plus simple : d'après ce que j'ai vu, elle se résume à la mise en sécurité de deux endroits, la rue de Bièvre et Latche. Le palais de l'Élysée, lui, est sous la responsabilité de la garde républicaine pour l'intérieur, et de la police parisienne pour l'extérieur. En ce qui concerne la sélection, la formation et l'entraînement des hommes, j'envisage d'utiliser les méthodes du GIGN, qui ont fait leurs preuves. Pour le reste, j'ai déjà une certaine expérience de la protection des lieux et des personnalités : mon groupe a été mis à contribution assez souvent dans ce genre de mission.

C'est d'ailleurs à l'occasion d'une « protection » de ce style que j'ai rencontré pour la première fois les gars de l'USSS. En 1978, nous étions en effet chargés de la sécurité du sommet de Saint-François, aux Antilles, auquel participait le Président Carter. Comme à leur habitude, et bien qu'ils soient invités et non pas organisateurs, les agents américains ont débarqué en terrain conquis, sans vraiment respecter nos méthodes.

Dès son arrivée, leur chef – un proche de Jimmy Carter – s'est montré parfaitement désagréable. La procédure prévoyait un contrôle systématique de toutes les chambres de l'hôtel donnant sur le jardin où les Présidents devaient faire leur conférence de presse. Le chef des agents américains occupait une de ces chambres. Lorsque mes hommes ont frappé à sa porte pour la vérification, il a argué de sa position pour refuser de leur ouvrir, arme au poing (un 357 Magnum Stainless Smith & Wesson 3'). Les gars ne maîtrisaient pas bien l'anglais, mais ils ont bien saisi, au milieu des vociférations de cet individu, un « *fuck you* » sans ambiguïté. Ça les a agacés ! D'un coup d'épaule, ils ont arraché la chaîne de sécurité qui maintenait la porte entrebâillée. Le mauvais coucheur en caleçon – visiblement, on l'avait dérangé pendant une « sieste » – a été désarmé en moins de temps qu'il ne faut pour le dire, sous le regard hilare de ses propres hommes, alertés par le bruit de l'altercation. Après cet incident, le GIGN est devenu copain avec l'USSS ; leurs agents avaient été impressionnés par la détermination des *Frenchies*... et surtout ravis de la leçon infligée par nos soins à leur insupportable patron.

*
* *

Un comité d'accueil du FBI m'attend à l'aéroport de Washington, mon ami John en tête. Je sais par expérience qu'il s'est arrangé pour m'éviter toutes les formalités, sauf le contrôle à la douane. Cette fois encore, mon sac est rempli de champagne et autres petits souvenirs qui d'habitude rendent les douaniers américains plutôt tatillons. Bizarrement, ce n'est pas le cas aujourd'hui ! Ils se contentent de la traditionnelle question :

– *Where do you come from*[1] *?*

– France.

– *Where ?*

Décidément, je ne m'y ferai jamais. L'Américain moyen ne sait même pas ce que c'est que la France ! Pour en finir, je prononce le mot magique :

– Paris.

– *Ah, Paris ! OK ! Welcome to the USA.*

De l'autre côté du comptoir, John s'esclaffe. Il sait que résumer la France à Paris a le don de m'énerver.

Dans la voiture qui nous conduit au QG du FBI, je lui narre mes dernières semaines.

– Formidable, Christian ! Ça m'a l'air d'être un *super job*, cette nouvelle mission... Dis-moi, comment vont mes potes du GIGN ?

John a toujours montré avec un enthousiasme tout américain son admiration pour les hommes qu'il a rencontrés lors de son passage chez nous. Je lui donne donc quelques nouvelles, avant qu'il ne sorte un papier de sa poche.

– Tiens, Christian. C'est le programme de ton séjour.

Comme d'habitude, tout est planifié à la minute près... Même un exposé que je dois faire à l'unité

1. D'où venez-vous ?

antiterroriste, et un autre au directeur du FBI, rien que ça !

– Eh, John, tu me rajoutes du travail supplémentaire ? Tu avais peur que je m'ennuie, pendant ces deux jours ?

– Excuse-moi, Christian, mais tu sais, le délai était court pour organiser ta visite à l'USSS. Ça n'a pas été simple, ils dépendent du ministère des Finances et non pas de la Justice, comme nous – ne me demande pas pourquoi, c'est comme ça – et on n'est pas très copains avec eux. Il a fallu que le *big boss* y mette tout son poids. Je sais que ça lui ferait vraiment plaisir de passer un peu de temps avec toi pour que tu lui parles de tes *French guys* du GIGN. Alors comme il restait une demi-journée...

– Ne t'en fais pas, je plaisantais. Il n'y a aucun problème.

Au FBI, l'accueil est chaleureux. Dans le bureau du grand patron, qui me reçoit pour me commenter mon séjour, je remarque, accroché en bonne place, le fanion du GIGN que je lui ai offert lors de mon précédent passage. C'est idiot mais ça me fait plaisir.

Ma visite à l'USSS est prévue pour le lendemain, avant un entretien avec le responsable de la sécurité de Reagan. Mais ce soir, c'est « retrouvailles à l'américaine », chez Colson, le supérieur de John. L'après-midi s'achève dans une chaleur étouffante : je n'ai jamais compris comment ils pouvaient supporter de passer des 20 °C de leurs voitures et bureaux climatisés aux 35 °C de l'extérieur. Nous nous retrouvons dans le jardin, où tout le monde transpire en descendant d'immenses canettes de bière. J'ai du mal à terminer la mienne, alors que tous – hommes et femmes – en sont déjà à leur quatrième ou cinquième ! J'ai l'impression qu'ils sont partis pour la soirée... Moi, il est hors de question que je ne sois pas frais et dispos durant mon court séjour. Prétextant la fatigue du voyage et du décalage horaire, je rentre à l'hôtel.

Le lendemain matin, John vient me chercher. Il a l'air d'avoir bien supporté la soirée bière. Nous roulons tranquillement – il n'y a que dans les films que les Américains foncent à tombeau ouvert – jusqu'à la magnifique école de l'USSS. Le directeur me reçoit avec courtoisie et me confie au responsable de la formation. Ses explications ne m'apprennent pas grand-chose, et sont plutôt décevantes : l'USSS ne s'occupe que de la protection rapprochée des personnalités. La « mise en sécurité de l'environnement », elle, est toujours confiée aux policiers locaux sous la responsabilité conjointe du FBI et de la CIA. Pour de sombres histoires de mésentente entre les différents ministères de tutelle, chacun travaille dans son coin. Résultat : l'USSS a mis en place un dispositif de protection très lourd, censé couvrir... les défaillances des autres services ! Tout ça me semble absurde et je ne pense pas qu'une telle situation puisse exister chez nous, puisque le pouvoir est centralisé.

J'attendais avec impatience la démonstration pratique de toutes ces belles théories. Et j'avais raison : j'en prends plein les yeux ! Le centre de formation et d'entraînement est à l'image de l'Amérique : je me retrouve en plein décor de cinéma. Sur l'immense campus de l'école, à côté des stands de tir et du gymnase, la rue principale d'une petite ville a été reconstituée sur cent cinquante mètres, avec son saloon, sa banque, ses magasins, etc. Comme à Hollywood ! On m'explique le scénario : il s'agit de résoudre des incidents pendant la traversée de la ville à allure lente. Les dix hommes chargés de l'exercice entourent une limousine dans laquelle est supposée se trouver la personnalité à protéger. Le directeur de la simulation commande un système électronique compliqué qui lui permet de faire apparaître sur tout le parcours – aux fenêtres, aux balcons, au coin des rues, dans l'embrasure des portes – des cibles représentant de paisibles citoyens ou de dangereux criminels.

À peine l'exercice commencé, nous plongeons dans *Règlements de comptes à OK Corral*, en *direct live* ! Les « incidents » se succèdent à une telle vitesse qu'au bout de deux minutes, je n'arrive plus à comprendre le scénario (si tant est qu'il y en ait un...). Certains hommes sont équipés de pistolets mitrailleurs : ça tire en rafales de tous les côtés. Ce n'est plus un attentat, c'est la guérilla ! Même si la répétition des agressions a pour but d'entraîner les hommes à réagir rapidement, tout cela manque totalement de réalisme. Et je n'ose pas penser au bilan de l'opération si cette petite rue était animée de vrais passants, de vrais enfants rentrant de leur vraie école...

Nous enchaînons avec une simulation d'embuscade : un véhicule s'arrête au milieu d'un carrefour pour bloquer le cortège officiel. Pas de problème : la limousine percute l'importun et le cortège passe en force, en canardant tous azimuts à l'arme d'assaut. Le troisième épisode commence plus calmement : c'est un exercice à pied. Cinq hommes armés jusqu'aux dents entourent la « personnalité », qui avance sous les vivats de la foule en délire, diffusés par de gros haut-parleurs. Soudain, un coup de feu part. L'un des gardes se précipite sur la personne protégée, la jette à terre et s'allonge sur elle pour faire bouclier de son corps pendant que les quatre autres ripostent. Un véhicule arrive dans un crissement de pneus ; la « personnalité » est dégagée et embarquée pendant que se déchaînent les tirs de couverture.

Après deux derniers exercices à l'avenant, nous nous retrouvons dans la salle de debriefing. Je suis un peu sonné par ce canardage systématique. Toutes les scènes ont été enregistrées en vidéo, et le chef commente chaque réaction de ses hommes, séquence après séquence. Je suis à la fois impressionné par l'énormité des moyens déployés, et atterré par le manque de réalisme – et de subtilité – des situations étudiées. Mais j'écoute avec attention, et me fais expliquer en détail les schémas de déplacement, la composition des équipes et la nature des équipements : j'en aurai sûrement besoin, ne serait-ce que pour définir ce qu'il faut éviter à tout prix !

Comme le veut la tradition, nous nous congratulons mutuellement, et nous échangeons nos fanions avant de prendre congé. Franchement, je n'ai pas eu besoin de me forcer pour les remercier du mal qu'ils s'étaient donné : ils m'ont offert du grand spectacle !

*
* *

Le lendemain, dans l'avion qui me ramène à Paris, j'essaie de mettre de l'ordre dans mes idées. Même si, comme d'habitude, les Américains en font dix fois trop, mon voyage n'aura pas été inutile. Ce que j'ai vu à l'USSS me conforte dans mes choix : comme au GIGN, l'emploi des armes nécessite absolument une formation technique et tactique qui doit privilégier la maîtrise du tir... et la discrétion. Pas question d'entourer François Mitterrand d'hommes armés jusqu'aux dents : comment réagiraient les Français à la vue de leur Président protégé comme en temps de guerre ? Et en cas d'incident, que feraient des gars équipés d'armes d'assaut, sinon les utiliser ? Si le chef de l'État se trouve au milieu d'une foule dense, comme ça lui arrive régulièrement, j'imagine le carnage que provoquerait un mouvement de panique...

Je sais par ailleurs que nous ne serons acceptés à l'Élysée que si nous restons discrets. La sécurité doit être présente sans être voyante, et permanente sans être encombrante. Cet équilibre ne sera sans doute pas évident à trouver, mais ce n'est sûrement pas avec des procédés de bulldozer que nous y arriverons. Je crois que les premières semaines vont être déterminantes ; tout reposera sur la finesse avec laquelle mes hommes mettront le dispositif en place...

Aux États-Unis, les règles ne sont pas les mêmes que chez nous, et depuis l'assassinat de John Kennedy le chef de la sécurité présidentielle est tout-puissant ; rien ne se fait sans son accord, aucun déplacement, aucune visite. Et à chaque fois, l'USSS investit le secteur en maître. Je repense à mon entrevue d'hier avec le responsable de la sécurité de Ronald Reagan. Il m'a annoncé, très fier :

– Le Président ne descend de son véhicule que lorsque je l'ai décidé. Sa porte est bloquée électriquement et je suis le seul à pouvoir l'ouvrir...

Je ne connais pas encore bien François Mitterrand, mais j'imagine sa tête et sa réaction s'il me venait l'idée saugrenue de lui imposer cela. Il répondrait sans doute quelque chose du genre :

– Commandant, débrouillez-vous plutôt pour qu'au moment où j'arrive quelque part, je puisse descendre en toute sécurité.

Et il aurait raison ! Cette question de la vérification du point de destination est capitale. Elle est relativement simple à régler lorsque les déplacements sont connus à l'avance. Mais si la décision est prise au dernier moment, avec les aléas de la circulation en ville, seule une moto peut précéder la voiture présidentielle. Cela fait longtemps que j'y pense, mais ma visite à l'USSS me le confirme : il faut utiliser des motos – elles seules allient mobilité, discrétion et souplesse d'emploi – pour protéger les déplacements du Président. Je me demande pourquoi personne n'en a eu l'idée plus tôt...

J'ai avancé sur l'aspect tactique, mais il me reste une foule de détails pratiques à régler. D'abord, le recrutement. Avant de partir, j'ai demandé à Gaston, mon fidèle secrétaire, d'envoyer à la direction de la gendarmerie un projet de message à diffuser dans toutes les unités : « Une unité supplétive du GIGN doit être créée. Les volontaires se feront connaître avant le 20 août et devront être aptes au parachutisme et avoir effectué les tests de présélection joints en annexe. Le concours se déroulera la dernière semaine d'août et les personnels retenus débuteront leur stage de formation le 8 septembre. »

J'ai fait au plus court, et je suis assez content de la manière dont je m'en suis sorti : la difficulté était d'attirer vers la sélection des gendarmes de qualité (la notoriété du GIGN me le garantissait) sans dévoiler la véritable mission de cette « unité supplétive » avant qu'elle ne soit constituée, afin de ne pas démobiliser les services en place.

Je commence enfin à voir à quoi va ressembler l'équipe. Pour débuter – le temps de prendre la dimension de la mission – je vais recruter trente hommes, divisés en trois groupes de dix, chacun dirigé par un chef de groupe. Je conserverai le commandement formel, mais le commandement opérationnel sera confié à deux officiers – Le Caro et Fortemps. En six mois de formation accélérée, tous devraient atteindre un niveau proche de celui du GIGN. Ils ne vont pas chômer : entraînement physique, sports de combat, formation au tir, connaissance approfondie des explosifs et du déminage, conduite rapide en auto et à moto, tir à partir de ces véhicules, mises en situation tactique, etc. J'ai tout le mois d'août pour rédiger ce programme et le confier aux instructeurs du GIGN, qui se chargeront de l'appliquer.

Quand l'avion commence sa descente sur Paris, je suis encore plongé dans mes papiers. J'ai remarqué que les hommes de l'USSS portent tous à la boutonnière un petit logo discret. Ils appellent ça un *pin* (la mode des « pin's » n'est pas encore arrivée chez nous). Ce signe particulier leur permet d'être reconnus et identifiés par les autres services : je trouve l'idée intéressante. Sur un brouillon, je griffonne une ébauche d'insigne.

Il faudrait aussi trouver un nom à cette nouvelle unité, qui conserverait l'esprit du GIGN. On pourrait l'appeler Groupe de sécurité du Président de la République. GSPR, ça sonne plutôt pas mal...

– 3 –

Un mois pour tuer le Président

La relecture de l'*Étude de vulnérabilité du chef de l'État*, commandée à la DGSE par Grossouvre, me laissait incrédule... Je ne parvenais pas à être totalement convaincu que les agents chargés de cette évaluation aient pu, comme l'indiquait le rapport, approcher le Président aussi facilement sans bénéficier de complicités. C'était facile, pour eux : un petit coup de fil à un copain du GLAM [1] pour connaître la date du prochain voyage présidentiel, une carte bleu-blanc-rouge sortie au bon moment pour ouvrir le bon portail... Ils étaient tout de même entrés dans des lieux particulièrement sensibles, comme l'aéroport militaire de Villacoublay, aussi aisément que dans un moulin ! Dans mon esprit de jeune officier naïf, il était inconcevable que rien de sérieux ne soit prévu

1. Groupe de liaison aérienne ministérielle, chargé des avions dans lesquels se déplaçaient les membres du gouvernement.

pour assurer la sécurité du plus haut personnage de l'État. Je n'arrivais pas à croire que le Président soit aussi facile à approcher – et donc, à assassiner, ou à enlever... Et pourtant, je n'étais pas au bout de mes surprises !

Dès mon retour des États-Unis, j'ai convoqué deux de mes hommes pour leur confier la mission sans doute la plus étrange de leur carrière. Il fallait voir leur tête quand je leur ai dit :

– Vous avez un mois pour tuer le Président...

Il s'agissait, bien sûr, d'un assassinat fictif, mais dans les conditions réelles. Les règles du jeu étaient claires : aucun passe-droit, aucun matériel sophistiqué. Les seules armes autorisées étaient leur revolver, un appareil photo, et une bonne dose de système D. Ils avaient toute latitude, et un minuscule pécule, mais laissaient leur carte officielle de gendarmerie dans mon bureau jusqu'à la fin de l'expérience.

Il ne leur a même pas fallu un mois ! Ils ont pisté François Mitterrand uniquement en lisant la presse. Un voyage était prévu à Château-Chinon trois semaines après notre entrevue, et ils s'y sont rendus. Ils ont appris par le canard local que le Président irait déjeuner au restaurant Le Vieux Morvan, comme il aimait le faire. Les photos qu'ils m'ont rapportées sont confondantes : sur l'une d'elles, on voit l'un des deux hommes, la main sous son aisselle gauche, où il portait en holster son 357 Magnum. Il était dans la salle de restaurant, debout à côté de François Mitterrand ! Un autre tirage le montre en train de marcher dans les rues de Château-Chinon, entre le Président et son garde du corps. Personne ne les a repérés, personne ne les a éloignés, et personne ne s'est étonné de leur présence !

J'ai montré ces clichés au commissaire Renaut, alors responsable de la sécurité du Président : il était effondré. On peut le comprendre ! Je lui ai donné ma parole que ces photographies resteraient confidentielles : j'en avais juste besoin pour prouver au Président que son entourage avait raison d'insister pour changer radicalement l'organisation de sa sécurité. J'avais déjà quelques idées assez précises sur la manière dont je m'y prendrais. Malheureusement pour Renaut, cela impliquait la mise en place d'une nouvelle équipe de gendarmes qui se substitueraient aux policiers jusqu'alors traditionnellement chargés de « protéger » le Président.

Mon idée de baptiser cette nouvelle équipe GSPR, pour « Groupe de sécurité du Président de la République », avait fait l'objet d'une réunion de réflexion ; les conseillers présents s'étaient finalement décidés pour une variante plus nuancée : le groupe n'apparaîtrait pas comme ayant en charge la sécurité du seul Président de la République, mais de la présidence de la République. Et se nommerait donc bien, quand même, GSPR !

Naturellement, les « privés » ont assez mal pris sa création, bien qu'ils n'aient pas été virés, comme me l'avait demandé François Mitterrand. Nous venions en supplément de l'équipe de Renaut, sans intention de lui nuire, et désireux de ménager les susceptibilités, voire de collaborer... Mais à l'annonce de la naissance du GSPR, ils ont hurlé que la gendarmerie leur volait leur mission, et reproché au commissaire

Renaut de ne rien faire contre cette décision. Pour se défendre, celui-ci a parlé des photos de Château-Chinon en expliquant que j'avais fait un montage qui m'avait servi à convaincre le Président de dessaisir la police de sa sécurité ! Le résultat ne s'est pas fait attendre : durant ses deux premières années d'existence, le GSPR a dû affronter, en plus de toutes les difficultés liées à sa mission, une série de règlements de comptes plutôt désagréables de la part des « privés », de mesquineries en chausse-trappes...

Dans cette petite guéguerre, le summum de l'imbécillité fut atteint un jour où François Mitterrand devait assister à une célébration religieuse dans la chapelle des Invalides. Selon une procédure qui allait devenir habituelle, mes hommes ont inspecté l'endroit de fond en comble avec notre équipe de déminage, afin de « mettre les lieux en sécurité ». Une fois ce travail effectué, seules les personnes habilitées par le responsable de l'opération sont autorisées à entrer. Parmi elles, bien sûr, des policiers... Ils n'ont eu aucun mal à placer une petite boîte d'allumettes, simulant un explosif, sous le siège du Président, ni à convaincre un photographe de *Paris Match* de faire un gros plan – pendant la cérémonie – sur cette preuve accablante de notre inefficacité ! Ce jour-là, j'ai découvert à mes dépens que les ennemis ne sont pas toujours ceux que l'ont croit... Sous prétexte de scoop, la presse se faisait complice d'un montage grossier sans que personne ne s'en étonne. Troublant !

Composer avec nos chers collègues de la police n'a pas été la seule difficulté à surmonter dans la mission confiée au GSPR. Il a aussi fallu faire passer dans les mœurs élyséennes un dispositif complètement nouveau (oserai-je dire « révolutionnaire » ?). Jusqu'alors, nos Présidents étaient encadrés par une poignée de gardes du corps – au sens strict du terme – plus chargés de servir de paravent en cas de coup dur que de réfléchir à une vraie stratégie de protection intégrant toutes les menaces possibles. Le système se révélait sans efficacité – les photos de Château-Chinon en étaient la preuve – et d'une grande pesanteur pour le premier personnage de l'État, suivi en permanence par cette carapace humaine. C'est pour cette raison que l'histoire de la République est émaillée de plusieurs « éclipses » intempestives de ses Présidents qui n'avaient d'autre solution, pour s'offrir quelques moments de vie vraiment privée, que de s'évanouir dans la nature un jour ou deux sans que personne ne sache où les trouver. En outre – et pour de sombres histoires d'heures supplémentaires non syndicales (!) – les Présidents étaient rarement protégés la nuit, sauf par le planton de service, et uniquement dans les résidences de l'État.

Or si le dispositif qui protège le Président s'interrompt à heures fixes, ou selon son bon vouloir, il ne sert strictement à rien ! J'ai donc proposé à François Mitterrand une continuité absolue de sa sécurité, que les militaires appellent « H 24 », pour vingt-quatre heures sur vingt-quatre : le Président peut aller où il veut, quand il veut, avec qui il veut, et sans que personne ne le sache, à condition qu'il soit accompagné de quelques GSP[1] discrets, eux toujours joignables.

Aujourd'hui où fleurissent les téléphones portables, l'idée semble d'une criante évidence. Mais en 1982, ils n'existaient pas. Il était techniquement assez compliqué de mettre en place cette liaison permanente. Ma formation de spécialiste en transmissions m'a facilité la tâche. Nous ne pouvions communiquer qu'avec nos moyens radio ; le GSPR avait son propre réseau, lui permettant d'être toujours en liaison avec l'infrastructure de la gendarmerie, qui couvrait toute la France. Ainsi, par l'intermédiaire des hommes qui ne le quittaient pas, nous pouvions joindre le Président à tout moment, même sans savoir où il se trouvait.

Ce « H 24 » ne changeait rien, bien sûr, à la protection rapprochée de la personne du Président. Cinq hommes parfaitement entraînés étaient chargés en permanence de veiller sur François Mitterrand, en ayant pour consigne d'assurer une présence « transparente », mais continue et efficace. Ces cinq hommes, choisis pour leur excellence, constituent le « premier cercle ». Lors des déplacements dans la foule, ils sont secondés par un deuxième cercle, disséminé dans un rayon de vingt à cinquante mètres autour du chef de l'État. Un troisième cercle plus large assure, en plus du renseignement sur la situation

1. Très vite, nous avons pris l'habitude d'appeler « GSP » les hommes du GSPR.

du pays, la sécurité de l'environnement – les appartements le long du parcours, les toits, les groupes de manifestants ou d'agitateurs qui se glissent dans la foule, etc.

En public, le premier cercle utilise la stratégie dite du diamant – trois hommes devant, et deux derrière – qui permet de filtrer toutes les personnes s'approchant du Président. Celui-ci dispose ainsi d'un espace vital supportable, et reste en contact avec la foule, à l'inverse du Président des États-Unis, toujours entouré d'un cercle unique composé d'une horde prétendument infranchissable d'une quinzaine de gardes du corps agités et armés jusqu'aux dents.

François Mitterrand en a fait l'expérience désagréable lors d'un voyage officiel aux États-Unis. Il inaugurait une ligne de métro construite à Atlanta par une entreprise française. Les Américains ne font confiance à personne. Ils ont donc ajouté à notre premier cercle leurs propres hommes, brutaux et directifs. Depuis le début de la journée, le chef de l'État français était passablement énervé par ces gorilles si envahissants. Il est parti visiter le musée Martin Luther King, toujours entouré d'une nuée d'agents américains, qui n'hésitaient pas, comme ils le font avec leur Président, à le prendre par le bras pour le diriger dans la foule. Mais notre Président, lui, avait horreur qu'on le colle ! Il était carrément exaspéré. Il m'a appelé, furieux :

– Commandant, j'en ai assez que « ces gens » me touchent. Je veux que vous fassiez votre travail comme d'habitude. Si l'un de ces hommes me serre encore, je vous tiendrai pour directement responsable...

C'était sec, et sans discussion possible. J'appelai immédiatement Alain Le Caro :

– Alain, débrouille-toi comme tu veux, mais le PR (la plupart du temps, nous utilisions nous aussi ces initiales quand nous parlions entre nous du Président de la République) ne veut plus être touché par les mecs de l'USSS (*United States Secret Service*). Vois avec tes hommes comment tu peux les tenir à distance...

Plus facile à dire qu'à faire ! Les cerbères américains ne voulaient pas nous lâcher. Au moment de prendre l'ascenseur, manifestement conçu pour deux personnes, pas plus, Le Caro s'est interposé entre François Mitterrand et le chef de la sécurité américaine, qui voulait lui aussi monter dans la minuscule cabine. S'est ensuivie une bousculade... Le ton a un peu monté, et Le Caro a fini par envoyer un coup de poing dans la figure du gorille pour l'empêcher d'entrer dans la cabine ! Le consul de France a frisé l'infarctus, et notre chère patrie l'incident diplomatique, mais François Mitterrand a pu visiter tranquillement le premier étage du musée... non sans avoir commenté l'incident d'un :

– Il est vif, Le Caro !

Mais l'épisode le plus significatif des difficultés d'une protection rapprochée a eu lieu lors d'un voyage officiel à Bayonne. Nous étions dans l'hôtel de ville, et il était prévu que le Président sorte et traverse la place vide pour aller saluer la foule massée tout autour, derrière des barrières. C'était une place très fermée, le genre d'endroit d'où il est difficile de s'échapper en cas d'urgence. Je n'étais pas tranquille : la foule était compacte et carrément hostile. Il y avait tant de sympathisants de l'opposition que la poignée de militants socialistes qui s'était déplacée pour l'occasion n'avait même pas pu déplier correctement sa banderole : elle pendouillait lamentablement. Je ne partageais pas ses idées, mais penser que François Mitterrand risquait de se faire ridiculiser par un public malveillant me mettait franchement mal à l'aise : c'était quand même le chef de l'État !

Malgré la sono installée à l'intérieur de l'hôtel de ville pour les discours, on entendait les gens hurler sur la place... Naturellement, personne n'osait dire au Président que dehors, c'était la broncha ; j'ai dû m'en charger moi-même, comme souvent (les mauvaises nouvelles, c'était toujours pour moi !).

– Monsieur le Président, c'est agité, dehors...

– On va voir ça.

À son ton, j'ai compris qu'il n'était pas question de lui suggérer, comme on m'avait demandé de le faire, qu'il renonce à affronter la foule en filant discrètement par-derrière, ni vu ni connu... Nous sommes donc sortis sous les arcades qui bordent la façade. Les cris ont redoublé.

– Alors, commandant. On ne va quand même pas s'en aller ?

– Heu... non...

– Vous êtes sûr de vous ?

– Eh bien... oui, monsieur le Président.

– Alors, on y va !

En fait, je n'étais sûr de rien. Cette place était comme une arène dans laquelle il fallait se jeter. François Mitterrand s'est dirigé droit vers le groupe qui criait avec le plus de virulence des slogans contre lui. Les hommes du premier cercle étaient dans leurs petits souliers ; les officiels et la suite des courtisans, si empressés d'habitude à se montrer aux côtés du Président, se tenaient à distance... Et là, il s'est passé un truc magique ! Après un quart de seconde de silence absolu, la foule, stupéfaite de le voir s'avancer, s'est mise à crier d'abord timidement, puis avec conviction :

– Vive le Président ! Vive Mitterrand !

Je n'en croyais pas mes oreilles ! Ils lui tendaient les mains pour le saluer, et dès qu'il s'éloignait, ils recommençaient à le conspuer ! Je n'ai jamais rencontré personne d'autre capable d'affronter une foule agressive de cette manière. Et ce jour-là, j'ai appris une chose essentielle sur l'homme que j'avais à protéger : pour lui, perdre la face était pire que perdre la vie. Il ne craignait pas de recevoir une balle. Mais une tomate ou un œuf pourri, il ne l'aurait pas supporté !

Il n'existe pas de gilet pare-tomates : la seule protection possible était cette autorité naturelle et glaçante que François Mitterrand savait si bien dégager quand il voulait avoir la paix. Quand au gilet pare-balles, puisqu'il m'avait signifié une fois pour toutes qu'il n'en était pas question, nous n'avons plus jamais abordé le sujet. Aussi avons-nous dû trouver un autre moyen de le protéger d'éventuels projectiles. J'ai imaginé et fait fabriquer pour les hommes du premier cercle des mallettes blindées qui, dépliées en une fraction de seconde, se transforment en boucliers pare-balles. Et j'en ai profité pour faire équiper chaque mallette d'un pistolet mitrailleur compact 9 mm HK. Par bonheur, et sans doute aussi parce que les deuxième et troisième cercles ont toujours parfaitement joué leur rôle, mes hommes n'ont jamais utilisé cet équipement qu'à l'entraînement.

Avec leur costume impeccable – ils avaient chacun une prime d'habillement, et l'obligation d'être toujours tirés à quatre épingles – et leur attaché-case discret, mes gars se confondaient avec les conseillers du Président. La seule chose qui les distinguait était leur carrure de sportifs, entretenue par un entraînement quotidien, et leur regard sans cesse à l'affût. Évidemment, ils disposaient d'autres atouts qu'un costume élégant et une mallette transformable. Mais je ne peux exposer ici tous les procédés mis au point par le GSPR pour protéger le chef de l'État : pour qu'ils restent efficaces, ils doivent aussi rester secrets... Ils ont prouvé leur qualité, au point qu'aujourd'hui encore, le GSPR les « exporte » aux pays amis qui lui en font la demande.

*
* *

Malgré quelques péripéties – on doit toujours s'adapter à l'imprévu, même si « tout prévoir » fait partie de notre travail –, la sécurité de la vie publique du Président n'était pas très compliquée à assurer. Une fois le système mis en place et les hommes formés, c'est une affaire qui roule ! Nous avons fait notre métier, simplement : il n'y avait là rien d'extraordinaire.

Mais l'existence d'un Président n'est pas que publique, loin s'en faut. Pour mener à bien sa mission, il faut qu'il ait la paix et qu'il puisse vivre tranquillement sa vie privée. Mon rôle était de lui permettre d'être parfois un citoyen comme tout le monde, en demeurant néanmoins le premier personnage de l'État. Et là, l'exercice devenait beaucoup plus subtil ! « H 24 », c'est bien joli, mais quel homme supporterait d'être observé à la loupe vingt-quatre heures sur vingt-quatre ? Il fallait mettre en place une organisation qui protège François Mitterrand et ses proches, en préservant sa liberté ; un système discret et efficace, qui devait gagner sa confiance...

En dehors des voyages officiels en France ou à l'étranger, nous avions surtout à gérer une multitude de déplacements quotidiens. Pour chacun d'eux, la procédure était la même : un motard en civil, en liaison radio avec le premier cercle, partait devant pour vérifier que la voie était libre et la destination « propre » (sans photographes, attroupements, ou autres dangers plus graves). Une autre moto évoluait à hauteur de la voiture présidentielle, afin de prévenir toute attaque en deux-roues. Je tenais particulièrement à ce dispositif, que j'ai conçu à mon retour de Washington en pensant à l'attentat qui avait coûté la vie au juge Michel, quelques années plus tôt. Désormais, il est utilisé couramment pour tous les personnages importants : nous avons fait école ! Enfin, la voiture du Président, conduite par un chauffeur entraîné aux dégagements rapides et à forcer les barrages, était suivie en « couverture » du véhicule d'intervention, qui transportait le premier cercle. Dernière précaution élémentaire : l'itinéraire annoncé était rarement respecté...

Même lorsqu'il était à Paris, François Mitterrand se déplaçait souvent. Un Président ne passe pas sa vie enfermé à l'Élysée, où il dispose pourtant d'appartements privés ; tout être humain normalement constitué finirait par se sentir en cage dans cet univers confiné... M. et Mme Mitterrand logeaient depuis longtemps rue de Bièvre, dans le cinquième arrondissement. Les Parisiens connaissent bien cette ruelle étroite, protégée nuit et jour par un dispositif policier durant les deux septennats. Mais François Mitterrand occupait aussi, très régulièrement, un appartement quai Branly, mis à sa disposition par la République. C'était son refuge : un endroit à lui où il recevait en privé ses amis et ses proches (aujourd'hui, le Président Chirac l'utilise à son tour, de la même manière). Et puis il y avait Latche, où il retrouvait famille et amis lorsque son emploi du temps le lui permettait.

L'État possède également un certain nombre de demeures, utilisées ou non par les présidents successifs comme résidences de vacances ou de week-end. Valéry Giscard d'Estaing aimait beaucoup le château de Rambouillet, où il se retirait souvent pour travailler ou pour chasser. François Mitterrand, lui, ne s'y sentait pas à l'aise : trop grand, trop solennel. En plus il détestait la chasse ! Il a donc confié à François de Grossouvre le soin d'organiser les parties de chasse présidentielles à Rambouillet, indispensables d'un point de vue cynégétique – il fallait réguler le gibier, abondant – mais aussi social et mondain. Le Président n'y mettait jamais les pieds, sauf par diplomatie, pour dîner de temps en temps avec les invités, s'ils étaient très importants...

Aux fastes de Rambouillet il a préféré une propriété plus petite, au charme un peu désuet. Une grande dame de la mode l'avait léguée à l'État quelques années plus tôt, à la condition expresse que la tombe de son chien soit régulièrement entretenue ! C'est le domaine de Souzy-la-Briche, niché au milieu d'un parc, près d'Étampes, à une quarantaine de kilomètres de Paris. La grosse bâtisse est entourée de quelques dépendances, posées au bord d'un étang artificiel au milieu duquel une petite chapelle abrite la précieuse sépulture canine. Un endroit extraordinaire, mais inhabité depuis plusieurs années et... passablement délabré !

C'est à Souzy que j'ai vraiment pris la mesure de ma tâche. Gilles Ménage, directeur adjoint au cabinet du Président, aidé par l'architecte en chef des Monuments historiques, a supervisé la réfection du bâtiment, qui fait partie du patrimoine national. Mais je me suis chargé de tout ce qui touchait de près ou de loin à l'installation et au bien-être du Président. Ça peut sembler incongru, et bien éloigné de ma mission initiale. On m'aurait dit, avant mon arrivée à l'Élysée, que je deviendrais une sorte de « super-intendant » du premier personnage de l'État, j'aurais rigolé. Pourtant, ça m'a tout de suite semblé évident : si on limite la sécurité à une super-protection par des super-gardes du corps, on passe à côté de l'essentiel. Pour bien protéger un homme, il faut le connaître. Et pour qu'il accepte les inconvénients (énormes !) qu'impose cette protection rapprochée, elle doit présenter quelques avantages... François Mitterrand savait qu'il pouvait compter sur moi, et sur mes hommes. Pas seulement pour assurer sa sécurité – pour lui, cela allait de soi – mais aussi pour dégoter un cadeau d'anniversaire qu'il n'avait pas le temps de chercher, un homme de confiance (ancien du GIGN) pour s'occuper de la maison de Souzy, ou de bonnes bouteilles pour remplir sa cave. Une des choses dont le Président nous a le plus remerciés est d'avoir trouvé le vétérinaire qui a sauvé Baltic, son labrador favori, qui souffrait d'une mystérieuse maladie.

J'ai eu parfois l'occasion de rendre au Président des services... inattendus. Je me souviens d'un jour où je l'accompagnais à l'école des officiers de gendarmerie de Melun, pour un très officiel baptême de promotion. C'était un vendredi après-midi ; à la fin de la journée, il ne rentrait pas à Paris : le Mystère 50 présidentiel l'attendait à l'aéroport de Ville-Laroche pour l'emmener passer le week-end à Latche.

Les cérémonies protocolaires m'ont toujours beaucoup amusé : le respect de la fonction présidentielle se traduit par une agitation empressée – et empesée – proche, sans doute, de ce qui se passait autrefois dans les cours royales. Avant de s'en aller, le Président salue (dans cet ordre précis !) les membres du gouvernement présents, les membres de son cabinet, ses hôtes, etc.

Ce soir-là, nous étions bien une cinquantaine, en rang d'oignons sur le tarmac de l'aéroport, tous au garde-à-vous – les militaires et les civils – chacun craignant d'être celui qui a bougé, et donc qui se fait remarquer. Nous attendions le décollage avant de rompre les rangs. François Mitterrand, lui, avait regagné son avion : sans doute devait-il déjà être plongé dans un livre ou un journal, sans prêter aucune attention à notre protocolaire sollicitude.

À une centaine de mètres de nous, le Mystère 50 avait déjà gagné la piste de décollage. Il a commencé à accélérer, puis tout à coup a freiné et s'est arrêté. Nous nous sommes tous figés un peu plus (si c'est possible !) sans que personne n'ose demander ce qui se passait. La porte de l'avion s'est ouverte, et l'on a vu apparaître le Président, qui faisait de grands gestes dans notre direction. Étonnement, hésitations : qui donc avait l'honneur d'être hélé de la sorte ? Finalement, François de Grossouvre a pris l'initiative : il est parti en trottinant vers l'avion. Nous l'avons vu discuter quelques instants avec François Mitterrand avant de se tourner vers nous pour faire, lui aussi, de grands signes. Tout le monde se regardait avec perplexité. Qui était convoqué ? Pensant qu'il s'agissait peut-être d'un problème de sécurité, je levai la main, comme à l'école. François de Grossouvre m'a fait « oui » de la tête. Je suis parti à mon tour en courant vers l'avion, pendant que le conseiller amorçait un retour, toujours trottinant.

Nous nous sommes croisés sur le parcours.

– Qu'est-ce qu'il veut ?

– Je ne sais pas ! Allez voir, il désire vous parler...

Il devait sans doute s'agir de quelque chose d'important, j'ai parcouru les derniers mètres à toute allure.

– Vous vouliez me voir, monsieur le Président ?

– Oui, commandant. Est-ce que vous pouvez m'enregistrer *Dallas*, ce soir ?

Je me suis demandé si j'avais bien entendu.

– Oui monsieur le Président.

– Merci. Mais dépêchez-vous, ça commence à 19 heures !

J'ai regardé ma montre : il était 18 h 50... Je me suis mis au garde-à-vous, jusqu'à ce que l'avion s'éloigne. Je sentais, derrière mon dos, cinquante regards inquiets et admiratifs pointés sur moi. Ils devaient tous penser que j'étais chargé d'une mission de la plus haute importance, je ne pouvais pas les décevoir ! Une fois réprimée mon envie de rire, j'ai fait demi-tour et suis reparti en courant, tâchant de prendre un air de circonstance. Personne n'a osé me demander la moindre explication.

– Colonel ! Pouvez-vous me fournir un véhicule, j'ai un appel urgent à passer.

– Bien sûr, mon commandant.

Le colonel m'a donné sa Jeep, et j'ai filé au PC de la base. Pour préserver la confidentialité de ma mission, on m'a laissé seul dans un bureau : je pouvais enfin appeler ma femme, pour lui demander d'enregistrer *Dallas* ! Et comme je sais qu'il faut toujours assurer ses arrières, j'appelai aussi la permanence du GSPR, pour qu'ils en fassent autant.

L'épisode *Dallas* n'est qu'un exemple (cocasse !) de tous ces détails, anodins lorsqu'ils constituent la vie quotidienne d'un homme ordinaire, mais qui peuvent devenir extraordinairement compliqués pour un Président de la République. Il m'est arrivé souvent d'intervenir (rarement devant un public aussi ébahi !) pour des bricoles banales, touchantes ou rigolotes, qui peuvent laisser le non-initié un peu perplexe. Je l'ai toujours fait avec plaisir, et avec la certitude que rendre agréable la vie privée du Président pour lui permettre d'être plus disponible dans ses fonctions, c'était après tout continuer de servir mon pays... D'une façon que je n'avais, certes, jamais imaginée !

*
* *

Lorsque j'ai pris mes fonctions aux côtés du chef de l'État, je n'étais pas capable d'évaluer l'étendue de ma mission. Mon souci était de balayer avec lui, lors de nos premiers entretiens, tous les champs de mon action. J'ai abordé la question au cours du premier voyage officiel où je l'accompagnai en tant qu'observateur. C'était en septembre 1982, nous étions en Grèce. Le soir même de notre arrivée, en rentrant dans ma chambre, j'ai trouvé un carton à en-tête présidentiel : *« Vous êtes convié à partager le petit déjeuner du Président de la République demain à 8 h 30, dans ses appartements. »*

Un petit déjeuner ? Je savais que l'usage était très

en vogue à l'époque, en particulier chez les hommes d'affaires. Mais je n'avais jamais pratiqué ce genre d'exercice, et n'avais aucune idée de ce que le protocole prévoyait dans ce cas précis. Inquiet, j'ai appelé l'aide de camp pour m'informer sur ce qui m'attendait.

– Mon colonel, excusez-moi de vous déranger... Il se trouve que je suis invité au petit déjeuner. Savez-vous comment se passe ce genre d'entrevue ?

– Félicitations, mon commandant ! C'est un privilège, de pouvoir discuter à bâtons rompus avec le Président... Surtout en tête à tête !

– À bâtons rompus ? En tête à tête ?

– On prétend que les petits déjeuners sont des rencontres conviviales et informelles, mais en fait c'est assez conventionnel. Ne vous en faites pas, vous vous en sortirez très bien !

À l'époque, j'étais trop nouveau dans le sérail pour mesurer la faveur que représentaient une tasse de café et quelques croissants consommés en compagnie du premier personnage de l'État. Être convié à petit-déjeuner était un signe d'attention particulière, une étape considérée comme majeure vers l'accession au très convoité cercle des « proches du Président », dont faire partie était une haute distinction dans le microcosme élyséen ! Un peu comme les « petits levers du roi » si prisés à Versailles quelques siècles plus tôt... Mais ce soir-là, dans ma chambre d'hôtel, la seule chose qui m'importait vraiment était le trac affreux que provoquait la perspective de me trouver « en tête à tête » avec François Mitterrand, pour une discussion « à bâtons rompus » ! Comment ne pas avoir l'air ridicule ? Et si je renversais ma tasse ? Et de quoi pourrais-je bien lui parler ? Jusqu'alors, nos entretiens avaient toujours été des rencontres de travail. Je me voyais mal petit-déjeuner « en toute simplicité » avec le Président de la République !

La nuit n'a pas suffi à calmer mes inquiétudes. J'ai réussi à ne pas me couper en me rasant, mais je n'étais pas très fier quand je me suis présenté, à 8 h 30 pétantes, dans la suite du Président. La table du petit déjeuner était dressée devant la fenêtre du salon, d'où l'on pouvait admirer l'Acropole. Je n'ai rien admiré du tout, ni la vue, ni les fleurs disposées alentour, ni l'abondance du repas qui nous attendait – et auquel d'ailleurs, nous n'avons touché ni l'un ni l'autre.

Je me sentais gauche et emprunté. Il m'a servi une tasse de café, que j'ai prise en faisant attention de ne pas trembler, et que j'ai abondamment sucrée, pour m'occuper les mains. À la première gorgée, je me suis rendu compte de mon erreur : j'avais confondu le sucrier avec la salière ! J'ai dû ingurgiter cette mixture aux vertus bien connues des fêtards comme si de rien n'était, sans grimace ni aucun signe de dégoût ! Et c'est l'estomac retourné que j'ai suivi la conversation « à bâtons rompus », en essayant de faire bonne impression, et d'amener sur le tapis le sujet qui me préoccupait : convaincre François Mitterrand qu'assurer sa sécurité ne servait à rien si ses proches restaient vulnérables. Ce petit déjeuner était un cauchemar dont je ne voyais pas la fin. J'ai tout de même atteint mon but, et suis reparti (dignement !) avec la promesse d'un rendez-vous pour une audience avec le Président dès notre retour à Paris, afin que nous fassions ensemble le tour des personnes à protéger.

En plus d'un goût… désagréable dans la bouche, ce petit déjeuner m'a laissé une autre amertume à laquelle j'ai dû apprendre à m'habituer. En rentrant à Paris, j'ai trouvé dans *Le Canard Enchaîné* une brève hargneuse du style : *« Le commandant Prouteau ne se sent plus depuis qu'il petit-déjeune en tête à tête avec le Président. »* C'était stupide – cette invitation, je ne l'avais pas souhaitée et m'en serais volontiers passé ! – mais c'était surtout sidérant : comment *Le Canard Enchaîné* pouvait-il être au courant d'un détail aussi précis ? Je n'ai pas mis longtemps à découvrir qu'il était fréquent, parmi les courtisans de l'Élysée, qu'un conseiller jaloux (en l'occurrence, de ma pseudo-intimité avec *son* Président !) passe un coup de fil à la presse pour cracher un peu de fiel… Quelqu'un craignait-il que je prenne de l'importance ?

Ces perfidies seraient risibles si elles ne concernaient que les anecdotes de la vie du palais. Mais il est arrivé, souvent, qu'elles nuisent à la confidentialité indispensable des affaires de l'État.

Donc, de retour à Paris, me voilà en audience avec François Mitterrand. L'huissier me fait entrer dans l'immense bureau présidentiel, toujours impressionnant.

– Asseyez-vous, commandant. J'ai réfléchi à la protection de mon entourage… Je pense que mes fils sont assez grands pour se protéger eux-mêmes. Ils ont chacun un policier pour les accompagner, cela suffit.

Mais je veux que vous assuriez la sécurité de mes petits-enfants, et de leurs mères. Et que vous me teniez informé des conditions de sécurité de ma sœur et de mon frère.

– Bien, monsieur le Président... Et pour Madame ?

Eh oui, c'est étonnant, mais à l'Élysée, tout le monde appelait Danielle Mitterrand « Madame ». J'ignore qui en a décidé ainsi...

– Je ne pense pas que vous ayez à vous en occuper. Mon épouse est habituée aux policiers du service des voyages officiels. Elle ne souhaite aucun changement.

Je n'étais qu'à moitié surpris de cette réponse. Bien qu'arrivé à l'Élysée depuis seulement quelques semaines, j'avais déjà saisi le besoin d'indépendance viscéral de Danielle Mitterrand, avare de concessions et extrêmement pointilleuse sur sa propre liberté. Avec son caractère bien trempé, elle a toujours refusé d'être une « première dame de France » uniquement soumise aux obligations de son mari. Elle ne s'est d'ailleurs jamais privée de le souligner, chaque fois que lui ont été reprochés des actions ou des propos « décalés » par rapport à la position du gouvernement. Nous avons eu des rapports courtois, mais je sentais bien qu'elle se méfiait de moi, comme, je crois, de tous les militaires qu'elle pouvait croiser sur son chemin ! Deux ou trois ans après mon arrivée à l'Élysée, on m'a rapporté une phrase qu'elle aurait dite à mon sujet et qui, je pense, résume assez bien la qualité de nos relations :

– Je ne suis pas toujours d'accord avec le commandant Prouteau, mais je lui sais gré de ce qu'il fait pour François.

Il y a eu un jour, en particulier, où elle n'a pas été d'accord du tout (c'est un euphémisme !). L'histoire a commencé sur un malentendu... Madame Mitterrand devait partir en voyage officiel en Chine, accompagnée d'une de ses belles-filles. Le GSPR a donc fait une demande de visas pour les deux hommes chargés de la sécurité de la belle-fille, dont nous étions responsables. Madame nous a fait alors savoir qu'elle ne souhaitait pas que nous participions à ce voyage, et que sa propre équipe prendrait en charge la sécurité de sa bru. J'ai obtempéré, et fait annuler la mission. C'était compter sans les lourdeurs de l'administration chinoise : le temps que le fonctionnaire transmette la demande d'annulation, les visas étaient déjà arrivés jusqu'à Danielle Mitterrand.

Ce jour-là, j'étais assis à mon bureau, à côté duquel trônait un magnifique pupitre téléphonique pourvu d'une bonne trentaine de boutons. À chaque bouton correspondait un interlocuteur : le Président, Madame, le directeur de cabinet, etc. Pour la première (et dernière !) fois depuis mon arrivée à l'Élysée, le bouton de Madame s'est mis à clignoter. J'ai décroché immédiatement, plutôt inquiet...

– Commandant Prouteau ? C'est Danielle Mitterrand. C'est scandaleux, vous m'espionnez !

– Mais Madame...

– J'avais dit que je ne voulais personne du GSPR pour mon voyage en Chine !

– Je ne comprends pas, Madame. J'ai fait annuler, comme vous l'avez souhaité...

– C'est faux, je viens de recevoir les visas.

– Je vous assure, Madame...

– J'arrive !

– Non, non, ne vous dérangez pas, je descends immédiatement.

– Il n'en est pas question, je monte.

L'histoire mérite un petit cours de topographie élyséenne... Ce que nous appelions « le couloir de Madame » – au bout duquel se trouvaient son bureau et son cabinet privé – occupait le rez-de-chaussée de l'aile est du palais. J'étais installé juste au-dessus, au premier étage. Le deuxième étage abritait le bureau et le cabinet du Président, ainsi que les appartements privés.

Une fois le téléphone raccroché, Danielle Mitterrand a dû monter les marches quatre à quatre : à peine avais-je eu le temps de vérifier, d'un coup de fil, que la mission avait bien été annulée, elle entrait en furie dans mon bureau.

– C'est inadmissible ! J'avais donné des directives... On a transgressé mes ordres, on m'impose ces gens-là. Je n'en veux pas !

– Je vous assure, Madame, qu'il s'agit d'un malentendu ! Nous avons annulé les demandes de visas dès que vous l'avez demandé ! L'ambassade de Chine vous le confirmera.

– Je ne veux pas le savoir ! Je vais régler ça avec le Président. Je ne supporte pas qu'il m'espionne !

Je n'ai rien pu faire, elle était déjà repartie !

J'ai appelé de toute urgence le secrétariat particulier de François Mitterrand :

– Christiane, il va y avoir un clash avec Madame ! Elle sort de mon bureau, il faut absolument que je parle au Président avant elle !

– Écoute, je ne sais pas ce qui se passe, il vient de partir à toute vitesse vers les appartements privés. Si tu cours, tu peux peut-être l'intercepter avant qu'il n'y arrive !

Je suis parti ventre à terre, et j'ai grimpé l'escalier à toute vitesse... Trop tard ! Du fond du couloir qui mène aux appartements privés, j'ai vu sortir le Président, qui se dirigeait vers moi. Derrière la porte des appartements, on entendait Madame crier.

– Monsieur le Président, il faut que je vous explique, il y a un malentendu avec Madame...

– Ah, commandant ! Vous m'en faites de belles, vous...

– Je vous assure, monsieur le Président, c'est Madame qui n'a pas très bien compris... Je vais aller lui expliquer...

– Non non non, laissez tomber ! Laissez tomber... Allez, on s'en va.

Il m'a pris par le bras et nous nous sommes courageusement repliés vers son bureau.

– Les gens du GSPR n'y vont pas, n'est-ce pas ?

– Non, monsieur le Président... C'est annulé depuis huit jours... Je n'ai pas eu le temps de vous prévenir, elle sort juste de mon bureau et...

– Ne vous inquiétez pas... Allez hop, c'est terminé, cette histoire. Qu'elle aille en Chine !

On dit souvent qu'il n'est pas facile d'être la femme

du Président... Mais être le mari de la femme du Président, lorsqu'il s'agissait de Madame, ce n'était pas toujours commode non plus !

*
* *

Heureusement, la protection de la famille de François Mitterrand comportait rarement des épisodes aussi « agités ». Très vite, j'ai mis en place une équipe pour l'épouse et les enfants de Gilbert, son fils aîné, une autre pour la famille de Jean-Christophe. Mes hommes ont été discrets, efficaces et je pense, appréciés pour avoir su répondre à tous les problèmes d'organisation ou autres qui se posaient... Moi je supervisais, leur donnant les moyens de faire leur travail au mieux, en m'efforçant de respecter l'intimité des Mitterrand. Au début de leur mission, les GSP ont reçu de ma part l'ordre de... ne pas informer leurs supérieurs de ce qu'ils voyaient ou entendaient, sauf cas de force majeure ! Les comptes rendus étaient réduits au strict minimum : chaque information qui m'était transmise – par exemple sur les fréquentations de tel ou tel membre de la famille – avait une raison précise de l'être. Le GSPR a ainsi repéré un certain nombre de personnes soi-disant amicales aux intentions parfois douteuses... En prévenir le Président n'était jamais agréable et se révélait souvent gênant, mais négliger cette partie délicate de notre mission aurait été une faute de notre part. Et François Mitterrand n'aurait pas manqué de me le faire remarquer.

Je pense qu'il appréciait cette discrétion, qui rendait le dispositif supportable. Au sein du GSPR, il n'y avait jamais ni ragots, ni commentaires déplacés sur la manière dont vivaient les proches du chef de l'État. Notre objectif était de les protéger, pas de les juger ni de commenter leurs faits et gestes ! Et c'était, à mon avis, une des plus grandes difficultés de notre travail.

Une fois pourtant, nous avons eu très peur, et j'ai mesuré à quel point la sécurité de sa famille était importante pour la tranquillité de François Mitterrand. C'était en été, j'étais en déplacement en province. Christiane m'a « bipé » sur mon Eurosignal. Je l'ai appelée immédiatement :

– Le Président veut absolument te parler. Gilbert a eu un accident de voiture avec ses filles, en Espagne... Les petites sont blessées...

– Mais, c'est un de mes gars qui conduisait ?

– Je ne crois pas, je ne sais pas exactement ce qui est arrivé... Je te le passe.

J'étais catastrophé. Si elle disait vrai, nous étions en tort : le GSPR avait en charge la sécurité des petits-enfants du Président...

Il était fou de colère, et, sûrement, d'inquiétude. Les petites étaient sérieusement blessées...

– Vos hommes n'ont pas fait leur travail... C'est une faute grave ! Je vous ai confié la sécurité de mes petits-enfants, Gilbert n'aurait jamais dû conduire. Je vous ai fait confiance, et j'ai eu tort...

Le ton était sec, cassant, rempli de cette colère terrible, froide et maîtrisée, que je n'ai eu l'occasion d'essuyer que deux fois, en quatorze ans. Je me suis tu, il n'y avait rien d'autre à faire : je ne savais toujours pas ce qui s'était passé là-bas, en Espagne.

Immédiatement, j'ai appelé l'officier de permanence au GSPR, pour avoir des explications... Gilbert et sa femme avaient eu un différend. Furieux, Gilbert avait attrapé ses enfants pour partir faire un tour. Le GSP chargé de la sécurité a voulu prendre le volant, mais Gilbert l'a envoyé balader. Mon homme a insisté, expliquant que c'était son boulot et qu'on lui reprocherait de ne pas l'avoir fait. Impossible de convaincre le fils du Président : il était trop énervé. Tout est allé très vite. Gilbert est parti, et il a raté un virage...

Les petites ont été grièvement atteintes – l'une d'entre elles est restée plusieurs jours dans le coma. Nous avons tous été affreusement inquiets, comme s'il s'agissait de nos propres gamines. Nous nous sentions responsables... Heureusement, elles se sont remises de l'accident. Cet épisode a confirmé ma façon de voir les choses : rien ne sert d'assurer la sécurité du chef de l'État s'il peut arriver n'importe quoi à ses proches... C'est par les enfants que François Mitterrand était le plus vulnérable.

Tous les enfants...

– 4 –

Un monde strictement privé

À la fin de l'audience durant laquelle nous avions parlé de la protection de sa famille, François Mitterrand s'était levé pour me reconduire vers la porte. Il avait terminé notre rendez-vous d'un sibyllin :

– Pour le reste, voyez avec Rousselet...

J'ai donc demandé un rendez-vous à André Rousselet, directeur du cabinet pour quelque temps encore (il prendra, un ou deux mois plus tard, la direction de l'agence Havas, tout en restant très proche de François Mitterrand). Pour l'avoir fréquenté plusieurs fois au cours de ce premier été à l'Élysée, je commençais à connaître son grand bureau impressionnant, séparé de celui du Président par le secrétariat particulier.

– Bonjour, mon commandant. Vous allez bien ? Vous vouliez me voir ?

– Oui, monsieur le directeur. J'ai vu le Président

à propos de la protection de sa famille. Nous nous sommes mis d'accord sur l'essentiel, mais il a souhaité que je vous voie. Il a précisé « pour le reste »...

Rousselet se gratte la gorge. Il n'a pas l'air étonné, mais plutôt gêné.

– Heu... oui. Il y a une chose dont vous devez être informé. C'est très... privé. Allez voir Grossouvre, il vous en dira plus.

– Bien. C'est tout ?

– Je crois, oui. Au revoir mon commandant.

Je sors perplexe : on m'a fait venir pour me dire qu'on ne peut rien me dire ! Quel mystère cache donc la vie privée du Président ? Une chose suffisamment secrète pour que Rousselet n'ait pas osé m'en parler, et qui m'aurait échappé depuis plus de deux mois que je planche nuit et jour sur le sujet ? J'ai beau réfléchir, je ne vois pas. Et c'est sans aucune idée sur la question que je rencontre François de Grossouvre dès le lendemain.

– Bon, voilà. Il y a une deuxième famille. Une petite fille de huit ans, et sa maman. Le Président souhaite qu'elles soient protégées, dans la plus grande discrétion.

Je ne sais pas quelle tête je fais, mais je tombe des nues ! Immédiatement, je calcule comme il sera difficile, en plus des proches officiels, de prendre en charge cette « deuxième famille ». Et qui plus est dans le secret le plus total !

François de Grossouvre poursuit. Il ne semble pas remarquer mon trouble.

– Elle s'appelle Mazarine. Je suis son parrain. Son père la voit très régulièrement, généralement quai

Branly. Elle habite avec sa mère, à Paris, dans le sixième arrondissement... Je vais prévenir la maman que vous prendrez contact avec elle.

Je note les informations, pose quelques questions en essayant de cacher ma stupéfaction... et ma panique. Petit à petit, je réalise à quel point ce « détail » qu'on a omis de me signaler fragilise le dispositif que je suis en train de construire autour du Président. Cette petite le rend totalement vulnérable. Elle est la proie idéale des terroristes qui depuis quelques années pullulent dans toute l'Europe.

– Naturellement, je compte sur votre discrétion... Il n'est pas nécessaire que vous parliez de tout ça avec le Président. S'il y a un problème, venez me voir.

– Bien entendu, monsieur...

Ma discrétion ! C'est un euphémisme ! Je devais être un peu hagard, en quittant le bureau de François de Grossouvre... Ça bouillonnait, dans ma tête ! Une petite fille de huit ans, je savais à quoi ça ressemblait : la mienne en avait dix. Comment lui faire tenir un si énorme secret ? Comment la protéger des kidnappeurs, des paparazzi, des profiteurs, des importuns, des indiscrets, sans lui rendre la vie impossible ? Comment sa mère accepterait-elle un dispositif de sécurité ? Je me trouvais devant un énorme problème. Et j'étais mon seul confident...

Quelques jours plus tard, François de Grossouvre a pris rendez-vous pour moi avec « la maman », dont je ne connaissais même pas le nom. Il m'a juste précisé, en me donnant l'adresse :

– Vous verrez, il y a écrit A.P. sur la boîte aux lettres.

Je ne me souviens plus comment j'ai appris que « A.P. » signifiait Anne Pinjot. De toute façon, cela n'avait pas d'importance, puisqu'il n'était jamais question d'elle...

Quand j'arrive dans le quartier, une enseigne attire mon attention : à quelques centaines de mètres de l'adresse où je me rends, un bar s'appelle... « Les Assassins ». Je ne suis pas superstitieux, mais ça me fait tout de même froid dans le dos...

L'arrondissement est assez chic, mais l'endroit où logent « A.P. » et sa fille n'a rien de luxueux : c'est un immeuble modeste et ancien, comme on en trouve beaucoup dans le quartier. Un escalier en bois, étroit et plutôt vétuste, mène à l'étage qu'on m'a indiqué. Je sonne, inquiet de ce qui m'attend : il est important que ce premier contact se passe le mieux possible.

Il est plutôt... réservé, le premier contact ! Une dame distante m'accueille froidement sur le pas de la porte. Je me présente. Nous restons dans l'entrée.

– Je sais qui vous êtes, François de Grossouvre m'a prévenue. Je ne pense pas avoir besoin d'être protégée, mais si c'est vraiment nécessaire, faites votre travail. Seulement je vous préviens : il n'est pas question que je change quoi que ce soit à mes habitudes. Je continuerai à vivre comme je l'ai toujours fait.

La fillette, une adorable brunette au regard vif,

m'observe sans rien dire. Je me montre poli, avenant, accommodant : la seule manière de nous en sortir est de faire accepter le GSPR doucement, sans forcer. Je sais que je peux compter sur la discrétion de mes gars, mais la partie n'est pas gagnée d'avance. Si par malheur la mère ou la fille se braquaient contre nous et exigeaient du Président qu'il abandonne toute idée de protection, ce serait catastrophique...

Maintenant que François Mitterrand n'est plus là pour faire taire les médiocres, on lui reproche de m'avoir chargé de protéger sa fille, qu'il aimait infiniment, uniquement pour s'assurer que « l'encombrant secret » ne serait jamais dévoilé à l'opinion, dont il craignait la réprobation ! Cette crainte a sûrement agité un certain nombre de conseillers politiques – et sans doute aussi le Président lui-même. Mais penser qu'elle a motivé à elle seule tous les efforts et l'énergie que nous avons déployés est une ineptie simpliste. Je le redis, et tant pis pour ceux qui n'ont pas compris : Mazarine était le talon d'Achille du Président. La sécurité totale du chef de l'État – et donc de son entourage – est un mal nécessaire, indispensable à sa fonction. J'en étais responsable, je ne pouvais pas prendre le risque de laisser une faille dans le dispositif dont j'étais chargé de l'entourer....

Après une visite rapide de l'appartement de Mazarine et de sa maman – un logement meublé avec simplicité, qui me frappe surtout par sa petite taille : encore un casse-tête en matière de sécurité ! – je prends congé, non sans avoir prévenu « A.P. » qu'Alain Le Caro la contacterait bientôt.

C'est l'unique entretien que nous avons eu, elle et moi. Plus tard, nous nous sommes croisés à quelques reprises, à Souzy-la-Briche ou ailleurs, sans que nos relations ne dépassent jamais la stricte politesse. Je crois que j'étais, pour elle, l'oiseau de mauvais augure : c'est le jour de ma visite qu'elle a dû entrebâiller la porte de son jardin secret, jusque-là si bien gardé... Elle n'était plus simplement la mère d'une enfant secrète, mais la mère de la fille cachée du Président de la République, avec toutes les contraintes que cela implique. Je comprends qu'elle n'ait pas eu envie de m'accueillir à bras ouverts – et j'ai fait ce qu'il fallait pour qu'elle n'ait pas à me le montrer.

Cette distance entre elles et moi me convenait. J'y tenais, même. Elle évitait toute confusion, et une situation qui serait devenue malsaine. En aucun cas je ne voulais m'impliquer dans l'intimité du dispositif que j'avais à mettre en place. Mazarine et sa maman étaient en contact avec les hommes directement chargés de leur sécurité : c'était suffisant, pour elles et pour moi.

Une fois brossées les grandes lignes de ce que serait notre travail autour de la fillette et de sa mère, j'ai mis Alain Le Caro au courant.

– Bon, Alain. Jusqu'à maintenant, on ne s'est pas trop mal débrouillés. Mais c'est parce que c'était facile ! Il y a un truc, et ça ne va pas nous simplifier la tâche...

En bon militaire, il a réagi en se concentrant sur ce qui le préoccupait le plus : sa mission. Je l'ai prévenu que ma première impression n'était pas très favorable : la maman de Mazarine serait plutôt réticente. Il devrait être patient, avancer en douceur :

– Dans un premier temps, tu « colles à la roue », tranquillement.

Dans notre métier comme au Tour de France, « coller à la roue » signifie rester juste derrière, sans forcer, mais avec ténacité. Je ne pensais pas si bien dire ! Lorsque Anne Pinjot m'avait prévenu qu'elle ne changerait rien à ses habitudes, elle n'avait pas menti... Mes hommes ont dû s'y plier au prix de quelques efforts. La mère de Mazarine adorait se balader à vélo dans Paris, sa fillette sur le porte-bagage. Impossible de les suivre en voiture, à dix kilomètres-heure... Au grand étonnement de la sous-direction des matériels, qui avait l'habitude de commandes plus « sophistiquées », l'une des premières demandes d'équipement du GSPR fut donc... deux bicyclettes, que les gars de « l'équipe Mazarine » ont dû enfourcher sans broncher !

Il y a bien eu quelques ratés, au début : même des hommes bien entraînés peuvent se faire semer dans Paris par une jeune femme et une petite fille futées. Mais peu à peu, la vie s'est organisée. La chambre de bonne située au-dessus de l'appartement a été aménagée pour accueillir le GSP de garde. Une ligne directe la reliait à l'étage du dessous. Mes hommes ont rendu visite à la directrice de l'école de Mazarine, et ont pris l'habitude d'accompagner la petite en classe. Ils ont progressivement découvert – et sécurisé

– son environnement : ses copains (et leur famille, d'une discrétion exemplaire), ses loisirs...

Ils escortaient Mazarine – le plus souvent accompagnée de sa maman – dans tous ses déplacements, y compris, naturellement, lorsqu'elle retrouvait son père pour un après-midi, une soirée quai Branly, ou un week-end à Souzy. C'est ainsi que, petit à petit, les unes se sont habituées aux autres. Des liens se sont créés entre ces grands balèzes attentifs (et attendris) et cette petite fille vivante et têtue qui leur donnait la main pour traverser la rue. Ils l'appelaient « Zaza », et encore aujourd'hui, elle leur saute au cou lorsqu'elle les retrouve !

Ils étaient comme des grands frères pour elle, qu'ils connaissaient si bien. Discrètement, ils veillaient aux menus détails : les cadeaux d'anniversaire, les photos de vacances (développées en catimini dans un labo ami), les goûters entre copains... Leur sollicitude et leur professionnalisme ont fini par convaincre aussi la maman : peu à peu, elle leur a fait confiance. Ils mettaient tous un point d'honneur – et l'honneur, chez les militaires, n'est pas un vain mot ; c'est même souvent leur seule richesse – à ce que « la petite » ait la vie la plus normale possible. Ce qui ne les dispensaient pas, bien sûr, de « dératiser » régulièrement l'appartement (le passer au peigne fin, à la recherche de micros), « déminer » les endroits visités par l'enfant (s'assurer qu'ils sont dépourvus de dangers), vérifier discrètement les agissements des nouveaux amis... Ils assuraient aussi le gardiennage de l'appartement lorsqu'il était inoccupé : un cambriolage aurait été une catastrophe. Imaginez toutes les photos de Mazarine avec son père éparpillées dans la nature ! Et, bien sûr, ils traquaient sans ménagement les inévitables paparazzi.

Nous sommes parfois passés bien près de la catastrophe. Un jour, mes gars apprennent qu'un photographe a réussi à les doubler, et s'apprête à négocier son trophée avec le journal *Minute*. Ils trouvent le petit malin, et lui extorquent tirages et négatifs contre la promesse d'une bonne place dans un prochain voyage officiel et de quelques bâtons dans les roues – rien de répréhensible, bien sûr, mais si la police fait du zèle, elle peut vraiment empoisonner la vie de n'importe qui – en cas de non-respect du contrat. C'est toujours donnant-donnant... Rien n'est gratuit, surtout dans ce milieu. Je sais, ce genre d'arrangement peut paraître surprenant, voire choquant, mais la pratique est courante, et nous a plusieurs fois sauvé la mise !

Je récupère donc la photo, un grand tirage en noir et blanc bien cadré de Mazarine et de sa maman en promenade dans Paris. Fier de mes hommes, je profite d'une audience avec le Président pour lui en toucher deux mots. C'était un exercice passablement compliqué : durant les quatorze années où je l'ai côtoyé, nous n'avons jamais – jamais ! – parlé explicitement de Mazarine. Il savait que je savais, je savais qu'il savait que je savais, mais il ne m'en a jamais rien dit. Comment, alors, pouvais-je aborder le sujet ? En cas de nécessité, nous employions litotes et sous-entendus. L'usage le plus fréquent était « la petite demoiselle », ou plus tard « la jeune fille »...

– Monsieur le Président, mes hommes ont récupéré un cliché de la petite demoiselle et de sa maman juste avant qu'il ne soit vendu à *Minute*. Ils ont eu du mal, mais ils ont réussi à convaincre le photographe...

– Bien.

– D'ailleurs, je vous ai apporté le tirage.

Je lui tends l'enveloppe, espérant tout de même un commentaire flatteur sur l'efficacité de mes hommes... Il prend le cliché, le regarde attentivement, et conclut :

– Elle est belle cette photo, n'est-ce pas ?

Et il la garde ! Elle a disparu dans le tiroir de son bureau avant que je n'aie pu ajouter quoi que ce soit. Pour lui, tout cela était normal : la sécurité de Mazarine allait de soi, au même titre que la sienne. Il lui serait arrivé n'importe quoi, il m'aurait viré sur-le-champ. Et il aurait eu raison.

Mais, je l'avoue, ce jour-là, j'étais tout de même un peu frustré !

Mazarine appartenait à ce que j'appelais, dans mon langage, le monde « privé-privé » du Président. C'était un monde parallèle, qui ne devait jamais croiser l'univers simplement « privé » de François Mitterrand (Madame, ses enfants et ses petits-enfants) ni bien sûr sa vie officielle. Le seul point commun entre tous ces mondes – et je passe sur quelques autres, qui resteront, eux, totalement privés –, c'était lui et lui seul. Un vrai casse-tête ! D'autant plus que personne ne savait qui était au courant de quoi ! Dix-sept ans après, je ne peux toujours pas dire avec certitude qui, parmi les gens que j'ai côtoyés régulièrement à l'Élysée, connaissait réellement l'existence de Mazarine.

Il est arrivé plusieurs fois que ces mondes parallèles se frôlent dangereusement, par inadvertance – une photo qui traîne, un mot qui vous échappe – ou parce que les circonstances l'exigeaient. Chaque année par exemple, François Mitterrand partait en voyage – privé – en Égypte, et à Venise. Tout le monde le savait, mais personne ne devait apprendre que Mazarine et sa maman l'accompagnaient...

Le plus difficile était de maintenir la petite dans la « clandestinité » où elle avait toujours vécu. Elle était si fière de son père qu'elle avait bien du mal à tenir sa langue ! Vu les circonstances, le silence était pourtant le meilleur moyen d'assurer sa sécurité : tant qu'on ignorerait son existence, nul ne songerait à s'en prendre à elle... À part quelques accrochages avec des photographes, nous sommes parfaitement parvenus à maintenir cet anonymat, grâce au dévouement sans limites d'Alain Le Caro et de ses hommes. Je pense que François Mitterrand leur en a été infiniment reconnaissant.

***

Il y a eu, pourtant, une période éprouvante pour tout le monde. Mazarine a grandi. Elle est devenue une adolescente en mal d'indépendance, dotée d'un sacré caractère (elle avait de qui tenir !). Elle adorait et admirait son père, mais je pense qu'elle supportait de plus en plus difficilement le secret qui lui était imposé. Elle n'admettait plus d'être sans cesse « surveillée », et considérait que la présence des GSP était une atteinte à sa vie privée. Pour eux, c'était l'enfer ! Mazarine les menait en bateau : elle mentait sur son emploi du temps, sortait du lycée en cachette pour les semer, camouflait ses nouveaux copains... Protéger une personne contre son gré est un vrai tour de force ! Naturellement, il n'était pas question de baisser la garde, au contraire : en jouant à cache-cache avec les hommes chargés de sa sécurité, la petite se trompait d'ennemis, et prenait des risques inconsidérés... Les gars étaient sur les nerfs à l'idée de devoir « planquer » leur protégée comme si elle était une criminelle.

Ce drôle de rodéo a duré quelques mois, et s'est achevé assez tristement, quand Mazarine s'est aperçue d'elle-même que, parmi les nouveaux copains qu'elle croyait avoir soustraits à notre vigilance, quelques-uns étaient surtout intéressés par son secret de famille... Je pense qu'à cette époque, l'attention – et disons-le, l'affection – que lui portaient les GSP l'ont aidée à supporter sa déception...

Les souvenirs de ces années, où « Zaza » a grandi à côté de mes hommes, n'appartiennent qu'à eux. Je n'en ai eu que les échos inquiétants ou soucieux, et je les garderai pour moi. J'espère seulement avoir contribué, avec le GSP, à offrir à cette petite, qui n'avait rien demandé, le meilleur de ce que son père pouvait lui donner. Je suis heureux, par exemple, d'avoir aidé le Président à trouver Best, un magnifique double-poney qu'elle a reçu pour un anniversaire.

En revanche, il me reste une énorme colère, que je ne ravalerai pas, sur la manière dégradante dont l'existence de Mazarine a été révélée au grand jour... Les pires bruits ont couru sur les circonstances dans lesquelles *Paris Match* a publié ces fameuses photos. La rédaction du journal a suggéré qu'elle avait l'accord de François Mitterrand ; j'affirme que c'est faux !

Le Président était malade et fatigué. Il voulait sans doute rattraper un peu du temps qu'il n'avait pas pu passer, les quatorze dernières années, avec sa fille qu'il adorait. Sa vigilance s'est relâchée, il n'avait plus vraiment envie d'être protégé. Je l'avoue, nous n'avons pas insisté autant que nous aurions pu : nous trouvions cruel de leur voler ces moments-là, que nous sentions bien être les derniers. Ils ont été moins prudents, nous aussi. Cette liberté gagnée a nui à notre efficacité et les photos ont pu être prises.

J'ai su ce qui se tramait huit jours avant la parution, par le plus curieux des hasards. Lors d'un dîner en ville, ma fille aînée a rencontré un assistant du photographe qui avait pris les photos. Il s'en est vanté pour frimer, et sans savoir à qui il s'adressait ! Elle ne l'a cru qu'à moitié : j'avais toujours affirmé, à la maison, que « la fille cachée de Mitterrand » dont parlait la rumeur était une invention, ajoutant avec aplomb, pour mieux convaincre :

– Je suis quand même le mieux placé pour le savoir...

Mes filles et ma femme me connaissent bien. Je pense qu'elles m'ont fait confiance... C'est une des rares fois où j'ai manqué à ma parole, mais on ne dévoile pas un secret d'État, même au risque de décevoir les femmes de sa vie.

Quand mon aînée m'a rapporté ce qu'elle avait appris, j'ai vérifié auprès de quelques personnes bien informées et j'ai immédiatement demandé audience au Président. Il avait déjà été mis au courant de la mauvaise nouvelle par le lieutenant-colonel Fortemps (successeur d'Alain Le Caro), qui était effondré autant que moi par ce que nous considérions comme un grave échec professionnel. Mais je tenais à lui en parler directement.

Il m'a écouté sans rien dire, avant de conclure, fatigué :

– Ça devait arriver...

Il n'a rien fait pour arrêter la machine ; je pense, pourtant, qu'il aurait pu. Auparavant, à plusieurs reprises, je l'avais informé *in extremis* de la parution d'articles ou de photos du même acabit. Ce qui s'était passé après était hors de ma compétence, mais ces articles n'ont jamais paru : je crois qu'il avait beaucoup d'amis dans la presse, de gauche comme de droite, suffisamment influents pour lui rendre quelques « services ».

Ce jour-là, ses amis n'ont sans doute pas suffi. À moins qu'il ne les ait pas appelés à la rescousse ? Certains ont prétendu que son absence de réaction était une forme de consentement. Je suis sûr que c'est faux.

François Mitterrand savait qu'il devrait officialiser l'existence de Mazarine un jour ou l'autre, et n'avait sans doute aucune idée sur la façon de s'y prendre. Mais il n'aurait jamais choisi cette manière-là, ne serait-ce que par égard pour Madame. Qu'un marchand de papier prétende lui avoir rendu service en publiant ces photos alors qu'il n'a fait que se remplir les poches en vendant plus d'un million et demi d'exemplaires du journal – un tirage faramineux –, c'est misérable. Le « droit à l'information » dégage parfois une drôle d'odeur...

Cette odeur nauséabonde s'est d'ailleurs répandue une autre fois, quelques mois plus tard, lors du décès de François Mitterrand. Le même journal n'a pas hésité à publier des photos volées de la dépouille du Président, et, dans le numéro suivant, des images du chagrin de Madame et de Mazarine. Des photos anonymes, bien sûr, mais qui auraient tout de même rapporté plusieurs centaines de milliers de francs à leur auteur. Et comme si ça ne suffisait pas, « on » a fait courir le bruit que le valeureux photographe n'était autre que le petit ami de la fille du Président, lequel, bien sûr, n'a joué aucun rôle dans ce scoop écœurant, mais tellement juteux...

Durant ces quatorze ans, j'avais cru faire le tour des méthodes peu reluisantes utilisées par certains médias. J'avais tort ! Une fois encore, ils avaient dépassé les limites de ce que mon pauvre esprit de militaire naïf pouvait imaginer.

– 5 –

Les voyages officiels

Heureusement, ces quatorze années auprès du Président ne m'ont pas laissé que des souvenirs malodorants. Elles sont aussi peuplées d'aventures extraordinaires que je n'aurais jamais pu imaginer lorsque j'ai choisi, selon la formule, « d'embrasser » la carrière militaire. Les voyages officiels, en particulier, étaient souvent riches en rebondissements...

Je l'ai dit, mon premier déplacement avec François Mitterrand a eu lieu en Grèce, en septembre 1982. En plus d'y apprendre à avaler sans ciller une tasse de café salé, j'ai observé *in vivo* le déroulement de ce type de voyage, afin d'établir un mode opératoire pour le GSPR. L'organisation se passe toujours en trois temps : d'abord, le directeur de cabinet planifie le séjour, et établit le programme avec le pays d'accueil. Ensuite, le responsable des voyages officiels (les « V.O. »), le chef du protocole et le responsable de la sécurité se rendent sur place pour un séjour dit « préparatoire », afin de visiter les lieux et de rencontrer leurs homologues. Pour le GSPR, c'est l'occasion de mettre au point le travail du troisième cercle, généralement assuré par le pays d'accueil. Contrairement aux Américains qui, je l'ai déjà dit, débarquent partout en conquérants avec des tonnes et des tonnes de matériel – au moins deux voitures blindées, un avion radio entièrement équipé, et même parfois de l'eau potable pour cent personnes, comme en Chine au printemps 1998 ! – nous tâchions de voyager léger, en utilisant au maximum les moyens humains et matériels existant sur place. Le voyage préparatoire permet d'évaluer les risques que présentent les problèmes politiques du pays, les quartiers traversés, les endroits visités. Il sert également à prendre contact avec les services de sécurité de nos hôtes, à évaluer leur efficacité, à organiser une collaboration... Il en résulte parfois des modifications importantes du programme initial, lorsque l'on se rend compte qu'il prévoit des situations trop dangereuses ou trop compliquées à « sécuriser ». Tout ça doit être négocié sur place, avec tact et diplomatie !

Vient enfin le déplacement en lui-même. Comme d'habitude, une équipe de « précurseurs » précède le convoi officiel pour mettre en place les moyens nécessaires à l'organisation du voyage, et vérifier que tout ce qui a été prévu est effectivement prêt. Cette mécanique bien huilée fonctionnait parfaitement, mais nous devions souvent faire face à quelques... « impondérables ».

Je me souviens d'un voyage à Londres particulièrement mouvementé. Comme souvent en pareil cas, la délégation française était conviée pour une réception à l'ambassade de France, où elle devait retrouver nos concitoyens expatriés et des invités du pays. À Londres, une grande estrade avait été dressée dans le jardin de l'ambassade, sur laquelle le Président devait prononcer un petit discours.

Selon la procédure habituelle, un démineur maître-chien du GSPR était tenu de vérifier l'endroit – y compris cette estrade – avant la réception. Mais lorsqu'il est arrivé, ses homologues anglais étaient déjà au travail, avec leurs propres chiens. C'est étonnant, et tout à fait contraire aux usages : le territoire des ambassades est une extension du territoire français. Les policiers britanniques n'avaient donc rien à y faire ; ils étaient eux-mêmes surpris que l'ambassadeur de France, pour une raison inconnue, ait demandé cette intervention. Mais puisqu'ils étaient là, notre gars n'a pas insisté et les a laissés terminer ce qu'ils avaient commencé.

Après, seulement, ils ont parlé un peu ; comparé leurs méthodes respectives, et leurs chiens dont ils étaient très fiers. Dans un esprit de « saine émulation », comme on dit à l'armée, chacun a essayé de prouver à l'autre sa supériorité ! Et ils en sont venus, naturellement, à organiser un petit test pour savoir quel chien était le meilleur. Un démineur se promène toujours avec sa mallette de déminage, dans laquelle il range un peu d'explosif pour les charges d'amorçage. Le GSP a donc sorti un petit morceau de plastic, qu'il a caché sous l'estrade. Les chiens anglais ne l'ont pas trouvé, mais le nôtre a filé droit dessus, pour une raison simple : en Grande Bretagne, les terroristes irlandais utilisent presque exclusivement du Semteix, un explosif importé des pays de l'Est. Le dressage des chiens démineurs se fait essentiellement avec ce produit unique. En France, par contre, on apprend aux chiens à reconnaître le liant chimique qui entre dans la composition de presque tous les explosifs existant sur le marché. Notre brave toutou n'a donc eu aucun mal à le sentir sous l'estrade.

Les démineurs anglais étaient très vexés : la « saine émulation » tournait un peu au vinaigre... Ils ont pris congé, et se sont empressés de rapporter l'incident à leur supérieur, qui a pris la mouche, imaginant dans la foulée comprendre enfin pourquoi l'ambassadeur français lui avait demandé d'envoyer ses hommes faire un travail qui ne leur incombait pas : c'était un piège, encore un mauvais coup des « *Froggies* » qui ne ratent pas une occasion – comme chacun sait – de ridiculiser les « Rosbifs » (une vieille histoire, chère aux militaires...). Furieux, il a convoqué le démineur français pour obtenir une explication.

Notre homme a répondu à la convocation avec enthousiasme, persuadé qu'il était attendu pour faire une petite démonstration de ses techniques de déminage. Et il s'est retrouvé au trou en un tour de main, mis en garde à vue pour introduction illégale d'explosifs sur le territoire britannique ! Dans la foulée, le vaillant chef de service britannique a prévenu son ministre de l'Intérieur du « piège » fomenté par les Français, lequel ministre s'est empressé d'en informer Margaret Thatcher en personne.

J'étais dans mon bureau, à l'Élysée, lorsque l'officier responsable de l'équipe GSP en déplacement à Londres m'a téléphoné :

– Mon commandant, on a un gros problème...

Et de m'expliquer le quiproquo en quelques mots. À peine avait-il raccroché que le Président m'appelait de Londres à son tour :

– Commandant, qu'est-ce que c'est que cette histoire ? Margaret Thatcher vient de me dire qu'un de vos gars a créé un incident... Je n'y comprends rien, pouvez-vous m'expliquer ?

Dieu merci, je pouvais expliquer ! J'étais dans mes petits souliers : le Président de la République française et le Premier ministre de la Grande-Bretagne avaient autre chose à faire que de régler ce différend absurde...

Notre démineur a été libéré et mis dans un avion le lendemain soir, mais l'incident a fait grand bruit : un tabloïd anglais, obligeamment informé, en a tiré ses gros titres. Et pour faire bonne mesure, l'information a traversé la Manche. Par un étrange phénomène de téléphone arabe, si j'ose dire, elle est devenue, à la une d'un des fleurons de notre presse nationale... *« Prouteau expulsé de Grande-Bretagne »* ! Or non seulement je n'y avais pas mis les pieds mais en plus, par un curieux hasard, je déjeunais avec le journaliste qui a écrit cet article deux heures avant le moment même où, d'après ses dires, j'étais censé me trouver dans l'avion qui me ramenait en France !

*
* *

Ces petites frictions entre voisins ne sont rien à côté de celles qui m'ont valu, finalement, les plus incroyables souvenirs de ma carrière élyséenne. Je pense en particulier à l'aventure de 1983. Tout a commencé par un article dans *L'Unité*, le journal du Parti socialiste. Fidèle à son engagement, Danielle Mitterrand y signait un long texte sur les droits de l'homme, et la manière dont ils étaient « *bafoués* » au Maroc. À plusieurs reprises durant ces deux septennats, son indépendance de citoyenne s'est heurtée à son devoir de réserve de première dame de France ; elle a, le plus souvent, privilégié son indépendance – il suffit pour s'en convaincre de consulter la longue liste des voyages officiels où elle n'a pas souhaité accompagner son époux, pour ne pas cautionner un régime dont elle réprouvait les méthodes. Ces prises de position de Madame ont embarrassé plus d'une fois le petit monde diplomatique... et son Président de mari !

Or en 1983, selon l'agenda présidentiel établi de longue date, François Mitterrand devait se rendre au Maroc en septembre, quelques semaines après la parution de cet article dans *L'Unité*. Mais rien n'échappe à Hassan II : les critiques de la citoyenne Mitterrand l'avaient plus qu'irrité. Malgré les efforts conjugués des diplomates français et marocains, le séjour se présentait mal... À l'Élysée, nul ne parvenait à avoir confirmation du voyage, ni de son contenu. Il était même sérieusement question que le roi, prétextant un rendez-vous important à New York avec le secrétaire général de l'ONU, s'absente du pays ! Quelques jours à peine avant le départ, tout le monde avait le sentiment que cette visite ne se ferait pas. Mais aucun des deux pays ne pouvait prendre la décision de l'annuler purement et simplement sans avoir l'air d'infliger un camouflet à son hôte. Heureusement, rien n'avait transpiré dans la presse ; il n'empêche, nous étions dans une impasse...

Prévenu par Alain Le Caro, qui voyait venir l'incident grave, j'ai pris rendez-vous avec Jean-Louis Bianco, secrétaire général de la présidence.

– Christian ! Que puis-je faire pour vous ?

– Eh bien... c'est peut-être moi qui peux faire quelque chose pour vous. Voilà. J'ai entendu dire par Le Caro qu'il y a un problème avec le voyage au Maroc...

– Vous avez bien entendu.

– Il se trouve que mon père est un vieil ami du major général Ben Sliman, le bras droit du roi Hassan II. Je le connais moi-même assez bien. Voulez-vous que je l'appelle pour savoir ce qui se passe ? Peut-être pourra-t-il essayer de débloquer la situation ?

– Ce serait un miracle ! Il est évident que le roi est vraiment furieux, et personne n'arrive à trouver une solution... De fait, nous n'avons plus aucun contact avec les Marocains. Si ce voyage ne se fait pas, alors qu'il est annoncé depuis des semaines, c'est l'incident diplomatique...

– J'ai eu l'occasion de rencontrer le roi deux fois déjà. Peut-être acceptera-t-il ma médiation, moins « officielle » ?

– Au point où nous en sommes, on ne risque rien à tenter le coup. J'en parle au Président, et je vous rappelle.

Je pense que les relations de mon père avec le bras droit du roi du Maroc méritent quelques explications. Ce n'est pas dans les dîners mondains qu'ils se sont rencontrés, mais par missions interposées. Mon père était lieutenant de gendarmerie en Corse du Sud en 1953, lorsque le sultan Mohammed V, père de l'actuel roi du Maroc, a été contraint de s'exiler. Le monarque s'est réfugié à Zonza, accompagné de son harem entier, et de ses proches. Pendant la durée de l'exil, la gendarmerie a contribué à assurer la royale sécurité. Des liens se sont créés entre mon père et l'entourage du roi. Dix ans plus tard, mon père a inventé un procédé de rapprochement judiciaire par lecteur optique. Comme son nom l'indique, cette machine permet de regrouper en un temps record les données (micro-fichées) contenues dans les différents fichiers de police. Jusqu'à l'utilisation de l'ordinateur pour ce type de recherches – pas avant 1981 – son système a fait gagner un temps précieux aux enquêteurs, de France et d'ailleurs : l'invention a été exportée à plusieurs reprises. Les relations que mon père entretenait avec ses collègues du Maroc ont facilité les échanges entre les deux pays ; mon père est allé initier ses homologues marocains à l'utilisation de son invention. À cette occasion, il a rencontré le major général Ben Sliman avec lequel il s'est lié d'amitié. Ils sont depuis restés en contact régulier.

Tout naturellement, alors que j'étais au GIGN, le major m'a proposé de venir l'aider à créer le GIGR

(Groupe d'intervention de la gendarmerie royale) et à former ses hommes. Nos deux pays se sont mis d'accord et je suis allé travailler avec lui à plusieurs reprises. C'est durant ces séjours que j'ai rencontré par deux fois le roi Hassan II. Sans me douter qu'un jour, les relations entre la France et le Maroc dépendraient de ce lien précieux entre « les Prouteau(x) » et le major Ben Sliman !

Jean-Louis Bianco m'informe rapidement que François Mitterrand est d'accord pour que j'essaie d'intervenir. Je téléphone au major.

– Tu sais, Christian, ce serait mieux que tu viennes à Rabat. Je vais proposer ta visite au roi.

Le roi accepte ; j'en informe Bianco... La diplomatie est une pratique compliquée, et souvent fastidieuse ! Mine de rien, je me retrouve, avec le major, émissaire « direct » entre les deux chefs d'État... Plus question de s'abriter derrière le protocole, ou le Quai d'Orsay. C'est un exercice sans filet, périlleux et délicat !

Finalement, Bianco m'appelle :

– Tout est réglé, Christian. Vous partez là-bas puisque les Marocains vous ont signifié l'accord du roi. Voyez l'état-major particulier pour qu'il prévienne Villacoublay de mettre un Mystère 20 en départ immédiat pour Rabat.

En fin d'après-midi, le major me confirme que je suis attendu. Pour des raisons de discrétion, nous convenons que j'atterrirai à l'aérodrome militaire, et sans formalités administratives. Je file à Villacoublay.

J'aurai trois longues heures dans l'avion pour me demander quelle mouche m'a piqué d'aller mettre mon nez dans une histoire aussi compliquée...

En début de soirée, j'atterris à Rabat. Le major général m'attend : cheveux grisonnants, haute stature souple, tiré à quatre épingles. Comme à son habitude, il est impassible et calme, élégant, chaleureux et rassurant. Impossible de lire la moindre tension dans son regard bleu clair. Il m'emmène directement au palais et me fait asseoir dans l'antichambre du roi.

– Installe-toi là, je vais voir Sa Majesté.

Et il disparaît derrière une porte en bois finement sculpté et ajouré. Au bout de quelques minutes, un serviteur en djellaba vient m'apporter un thé à la menthe. J'attends, une heure, puis deux, un peu assommé par cette folle journée. C'est une drôle d'impression d'être là, complètement seul, sous le haut plafond d'un palais des *Mille et Une Nuits* richement décoré de mosaïques. Je n'entends pas un bruit, sauf le murmure d'une fontaine qui vient du jardin intérieur. Au moment où je commence à penser qu'on m'a oublié, le major réapparaît, l'air désolé.

– Je ne crois pas que le roi te verra ce soir. Nous allons rentrer chez moi, tu y passeras la nuit.

– L'affaire est mal engagée, n'est-ce pas ?

– Ne t'inquiète pas, ne t'inquiète pas. Nous allons trouver une solution...

Je commence, tout de même, à douter de l'issue de mon voyage ! De quoi aurai-je l'air, moi, si je rentre à Paris sans avoir rien de nouveau ? À l'aéroport, le Mystère 20 présidentiel et son équipage m'attendent, prêts à décoller, et moi je suis là, tout seul, à tourner en rond dans le salon du major...

Il est plus d'une heure du matin lorsque mon hôte vient m'annoncer :

– Nous retournons au palais, le roi nous attend !

Une demi-heure plus tard, je me retrouve à nouveau tout seul dans l'antichambre – dont je connais désormais chaque détail – à attendre que LA porte s'ouvre enfin sur un dénouement. Le major finit par sortir, triomphant.

– Voilà. Sa Majesté te charge de transmettre le message suivant à votre Président : si François Mitterrand accepte que nos deux pays reportent ce voyage d'un commun accord, le roi le recevra dans quelques mois comme jamais aucun chef d'État n'a été reçu au Maroc.

C'est ça, la solution miracle ? J'enregistre avec surprise, et une certaine déception, cette proposition étonnante et plutôt anodine... Qui n'est pas rompu aux tractations diplomatiques – et c'est mon cas – ne peut en saisir toute la subtilité. Il s'agit, en fait, de laisser à chaque pays la possibilité de se tirer de ce mauvais pas sans avoir l'air d'offenser l'autre !

À 3 heures du matin, je reprends « mon » Mystère 20 pour Villacoublay ; à 6 heures, j'appelle Bianco ; à 7 h 30, je suis dans le bureau du Président pour lui transmettre mot pour mot le message d'Hassan II. À 10 heures, les ministères des Affaires étrangères de la France et du Maroc publient chacun un communiqué : *« D'un commun accord entre les deux pays, le voyage est reporté à janvier. »* Ouf ! Personne n'est dupe, mais l'honneur est sauf !

Naturellement, je n'aurais manqué pour rien au monde le voyage de janvier. Tout semblait fonctionner pour le mieux, les préparatifs allaient bon train. Mais quelques jours avant le départ, on m'informe avec inquiétude qu'il se pose de nouveau un problème : le programme officiel de l'avant-dernier jour du voyage est complètement vide. La seule indication communiquée par les Marocains est un énigmatique et militaire « A.D. » (pour « à disposition ») ! À l'Élysée, on se fait du souci : et si le roi avait changé d'avis, et décidé de marquer tout de même sa mauvaise humeur en laissant son invité en plan ? Cela me semble impossible, mais je préfère m'en assurer. J'appelle mon cher ami le major.

– Ne t'inquiète pas, Christian. Crois-moi, vous pouvez faire confiance au roi : fais-le savoir autour de toi.

Me voilà de nouveau bombardé émissaire ! Moi, je crois le major, mais pour les gens de l'Élysée, la pilule est difficile à avaler ! Il faut dire qu'il est plutôt insolite, dans cet univers policé où tout, jusqu'au moindre détail, est soigneusement prévu, de laisser une journée libre à un chef d'État... Je déploie des trésors de persuasion pour rassurer tout le monde. Y compris François Mitterrand, qui finit par se laisser convaincre. Le jour dit, nous quittons la France pour Casablanca, accompagnés du « pool » de journalistes conviés pour l'occasion (pour chaque voyage officiel, l'Élysée invite un certain nombre de journalistes accrédités qui constituent ce qu'on appelle le « pool officiel »).

« Recevoir le Président comme aucun chef d'État n'a été reçu »... Je n'avais pas idée, en transmettant le message du roi, de ce qui nous attendait. D'ailleurs, je pense que personne, en France, ne pouvait imaginer ce que cette phrase signifiait pour Hassan II. De notre arrivée à notre départ, nous n'avons pas touché le sol. Au sens littéral des mots ! Partout où le Président devait poser pied à terre étaient disposés des tapis. Ça a commencé sur le tarmac de l'aéroport !

Un accueil somptueux nous attendait : des musiciens, des couleurs, des fleurs, un buffet... Nous étions déjà ébahis, pourtant, ce n'était qu'un début ! Une route de quatre kilomètres relie l'aéroport à la ville ; nous l'avons parcourue entourés d'une haie continue de cavaliers en grande tenue. Ils devaient être plusieurs centaines.

Durant ce voyage, tout a été fastueux, démesuré, magique. Je me souviens du splendide train royal qui nous a transportés jusqu'à Marrakech. Je ne suis sans doute pas le seul ! Bruno Masure, qui faisait partie du pool des journalistes officiels, n'a pas dû l'oublier non plus. À mi-parcours, il est venu me trouver, affolé.

– Mon commandant, j'ai un service à vous demander, c'est très important...

– Qu'est-ce que je peux faire pour vous ?

– Voilà... Il faudrait demander à un des hélicos qui

suit le train de ramener un de mes techniciens à Casablanca d'urgence.

– Vous avez un problème ?

– Oui, un grave problème. Mais je ne peux pas vous expliquer, vous allez vous moquer de moi.

– Je ne peux pas dérouter un hélico sans savoir pourquoi ! Pas d'explication, pas d'hélicoptère !

– Bon, d'accord... On a oublié toutes nos cassettes vidéo vierges à l'hôtel. Sans elles, on ne peut rien faire.

Je n'ai pas pu m'empêcher d'éclater de rire.

– Monsieur Masure ! Je n'ose pas imaginer ce que vous diriez dans votre sacro-saint journal de 20 heures si moi et mes hommes nous étions partis en mission en oubliant nos munitions !

Je lui ai trouvé un hélico, mais je n'étais pas fâché, je l'avoue, d'avoir eu ma petite revanche sur « les médias » – même si Bruno Masure est l'un des journalistes les plus sympathiques que j'aie rencontrés durant toutes ces années. Cela dit, je n'ai guère eu le loisir de savourer ma (bien modeste) victoire : je me faisais du souci pour notre arrivée à Marrakech, où était prévu un bain de foule particulièrement délicat en matière de sécurité. Nous n'assurions que le premier cercle ; les deuxième et troisième étaient pris en charge par les gendarmes marocains du GIGR.

Le Président devait parcourir à pied (sur une allée de tapis !) les deux kilomètres qui séparaient la gare de la médina où se trouvait son hôtel. Je crois que j'ai eu là une des plus grandes inquiétudes de ma vie ! Le trajet était noir de monde : huit cent mille personnes dans la rue, qui criaient *« Vive Mitterrand »* en arabe et en français. Ça m'a semblé durer une éternité. Nous avons marché sans encombre – le GIGR avait bien fait les choses, la foule était truffée de policiers en civil – et sous une pluie battante... de pétales de roses.

Le voyage se déroulait merveilleusement bien, nous avions l'impression d'être en plein conte des *Mille et Une Nuits*. Une seule ombre persistait : nous n'avions toujours aucune idée du programme de l'avant-dernier jour.

La veille du jour J, comme les autres soirs, j'ai rencontré le major pour mettre au point les derniers détails du lendemain.

– Bon, allez. Il est temps de me dévoiler vos projets pour demain...

– Non non non, Christian, pas question ! Le Président doit faire confiance au roi, et toi tu dois me faire confiance à moi.

– Mais enfin, major. Vous ne pouvez pas me demander une chose pareille ! C'est mon boulot de savoir où on va. Je dois prévenir le Président, et mes hommes...

– Tu me fais confiance ?

– Oui, bien sûr.

– Alors dis au Président qu'il accepte d'attendre le dernier moment. Il ne le regrettera pas. On prendra tes précurseurs à 8 heures, ils auront une heure pour tout vérifier. Vous, vous partirez à 9 heures.

– Mais comment vais-je expliquer ça au Président, moi ?

Quand je suis allé voir François Mitterrand, j'étais dans mes petits souliers, et pas tout à fait certain d'arriver à le convaincre d'accepter cette situation pour le moins incongrue.

– Ah, commandant. Alors, vous avez une idée de ce qui nous attend demain ?

– Eh bien... Non, monsieur le Président. Ils tiennent absolument à garder le secret jusqu'au dernier moment. Je n'ai rien pu savoir, à part l'heure de départ. On m'a simplement assuré que vous ne le regretteriez pas.

– Qu'est-ce que vous en pensez ? Vous êtes inquiet ?

Comme à chaque fois que les circonstances m'obligeaient à prendre une décision délicate le concernant, je sentais chez François Mitterrand un accent d'ironie. Je crois que la situation et le risque – minime – qu'elle présentait mettaient une pointe de piment dans sa vie un peu pesante de chef de l'État. En fait, mon embarras l'amusait !

– Je suis embêté. Je crois qu'on peut leur faire confiance, mais je serais plus tranquille si j'avais pu tout vérifier...

– Bien, alors allons-y. Faisons confiance au roi !

Le lendemain, à 9 heures, nous partons pour l'aéroport, où nous attendent une dizaine d'hélicoptères Puma : un pour le Président, et les autres pour les journalistes, qui comme nous ignorent tout de leur destination... Mon inquiétude augmente : un voyage aérien est toujours dangereux... Celui-ci néanmoins se déroule au mieux ; une demi-heure plus tard, nous nous posons... sur des tapis, en rase campagne. Mais que vient-on faire ici ?

À quelques pas de la zone d'atterrissage, un petit podium est dressé, entouré d'estrades. Sur le podium, un pupitre équipé d'un micro attend les orateurs. Derrière ce dispositif, une immense gorge ocre rouge, bordée de collines, offre un panorama unique. Dans la lumière du matin, l'endroit est splendide. Le roi vêtu d'un costume traditionnel, entouré d'une soixantaine de personnalités en tenue d'apparat, attend le Président. En haut de grands mâts plantés dans le sol, les dizaines d'oriflammes richement travaillées tranchent sur le ciel bleu. C'est un spectacle magnifique, et surréaliste.

Le Président s'assied à la place d'honneur, puis le roi prend la parole. Sa voix résonne jusqu'au fond de la vallée déserte. Dans un réflexe de technicien, je remarque que la sono est dix fois trop puissante pour le public présent...

Hassan II remercie François Mitterrand de lui avoir fait confiance dans un discours simple et touchant. En signe d'amitié entre son peuple et le nôtre, il annonce que c'est le Président de la République française qui posera, dès aujourd'hui, la première pierre de l'immense barrage hydroélectrique que le Maroc va construire en coopération avec la France, sur les lieux mêmes où nous nous trouvons. Il le prie donc de bien vouloir appuyer sur le bouton du boîtier posé sur le pupitre placé devant lui. Le Président se tourne vers moi, interloqué. Pas plus que moi, il ne comprend ce qui se passe ! Mais il remercie à son tour, et appuie sur le bouton.

Alors, du fond de la gorge, jaillit un énorme bruit, qui se répercute en écho pour arriver jusqu'à nous. Et, dans un nuage de poussière orange vif, nous voyons au loin une colline voler en éclats... Comme dans un film en Technicolor de Cecil B. De Mille ! C'est un spectacle qui dépasse l'imagination... Et ce n'est pas terminé ! Parmi les collines proches, j'en ai repéré une tout à l'heure, dont la curieuse couleur grise m'a intrigué. Et voilà qu'elle se met à bouger ! Il me faut quelques instants pour comprendre qu'elle est couverte de centaines de personnes, immobiles jusqu'ici, qui d'un seul coup se lèvent toutes ensemble pour acclamer François Mitterrand.

Ce fut une journée inouïe ! Quelques kilomètres plus loin, toujours en pleine campagne aride, de gigantesques tentes de Bédouins avaient été dressées aux bordures d'un village. On nous y a servi un banquet fabuleux, composé d'une cinquantaine de plats traditionnels, spécialités gastronomiques de toutes les régions du Maroc. Trois heures durant, assis sur des coussins, nous avons festoyé pendant que se déroulait sous nos yeux une fantasia ininterrompue : au milieu des cris et de la poussière jaune, des cavaliers en vêtements colorés chargeaient à toute allure et s'arrêtaient net à dix mètres du Président et du roi pour tirer une salve d'honneur vers le ciel. De ma vie, je n'ai rien vu d'aussi grandiose. Nous avions l'impression que le pays entier avait été mobilisé pour honorer (et remercier ?) son hôte, et lui offrir à profusion toutes les richesses du Maroc.

Hassan II avait tenu parole : de ce voyage « de rattrapage » il avait fait un moment magique, début d'une longue relation de confiance avec François Mitterrand. Les deux hommes se sont revus régulièrement.

Mais le plus souvent, sans Madame !

– 6 –

Les couloirs du pouvoir

Quand j'y repense, mes premiers souvenirs du palais de l'Élysée me font sourire. J'avais peur de me perdre dans le dédale des couloirs ! Je me suis débrouillé pour ne pas trop avoir l'air d'un bizuth, en évitant l'humiliation de me retrouver dans les cuisines, ou pire, dans un bureau où l'on ne m'attendait pas. Finalement, la topographie des lieux est la première chose à apprendre lorsqu'on est parachuté sans préparation dans les hautes sphères du pouvoir !

Je craignais aussi de me prendre les pieds dans les tapis épais de ce monde feutré, au sens propre comme au figuré. Je devais mettre toute les chances de mon côté pour mener à bien la mission qui m'était confiée : pas question de commettre une maladresse de débutant qui m'aurait, plus tard, gêné dans mon travail... Mon unique mode d'emploi était l'annuaire interne qu'on avait mis à ma disposition dès mon arrivée ; une source d'informations précises mais succinctes, pour qui ne fréquente pas cet univers depuis le début de sa carrière. Pour ma part, j'ignorais tout des us et coutumes de cette tribu si particulière habituée depuis des années aux méandres de la vie politique... et si peu accueillante avec ceux qui ne font pas partie de la « famille ».

Tout ce petit monde, fraîchement installé rue du Faubourg-Saint-Honoré, mettait un point d'honneur à bousculer l'ordre établi depuis des décennies par la droite. La « simplicité » et le tutoiement de rigueur – on venait au boulot « relax », sans cravate, et parfois même, comme Colliard, à moto – m'ont un peu étonné. Il m'a fallu peu de temps pour apprendre qu'ils n'empêchaient en aucun cas cette atmosphère comploteuse propre à tous les lieux de pouvoir, entretenue avec application par une utilisation abusive du non-dit et du sous-entendu.

D'ailleurs, la bonne franquette de surface a résisté moins longtemps aux rigueurs du protocole que les robes indiennes style « baba » de Ségolène Royal : elle ne les a abandonnées au profit du tailleur de rigueur qu'au début du second septennat ! Pour le reste, très vite, comme « avant », chacun a appris à jauger son importance (et celle de son voisin de bureau) en fonction de la place qu'il occupait... dans l'avion présidentiel ! C'était une unité de mesure imparable : la première rangée de sièges était réservée à François Mitterrand. Sa « suite » de conseillers et autres secrétaires s'asseyait derrière, selon un ordre qu'on ne transgressait pas, fixé par le protocole. Si vous étiez au niveau des ailes, vous aviez du chemin à faire ; mais si vous étiez sur le siège niché dans la queue de l'appareil, vous n'aviez qu'une chance infime de pouvoir un jour rejoindre l'avant...

Bien que « pièce rapportée » et adepte inconditionnel du vouvoiement, je pense m'être assez bien acclimaté à ce monde inconnu. Il faut dire que j'avais pour m'aider deux atouts majeurs. D'abord, on me considérait comme un « baroudeur », tireur d'élite et risque-tout. Qui n'est jamais sorti de son bureau a vite fait de confondre courage et inconscience. Je sentais bien que mon passé au GIGN – et l'arme que mes fonctions m'obligeaient à porter en permanence – en impressionnaient plus d'un. J'ai souvent ri en croisant des regards inquiets qui me renvoyaient, à n'en pas douter, une image légèrement déformée : à leurs yeux, j'étais une sorte de Rambo inquiétant, sans rien dans le ciboulot !

Mon second atout, sans doute celui qui m'a le plus servi, était l'aura (aux mille pouvoirs !) que conférait au plus inconnu des néophytes la réputation d'être « apprécié » du Président. J'ai quelques raisons de penser que cette réputation n'était pas usurpée même si, souvent, elle a été exagérée. En tout cas, je n'ai jamais rien fait pour démentir cette rumeur : je tenais là ma meilleure arme... Même si j'ai vite compris qu'elle n'était qu'une arme à un coup, à utiliser avec parcimonie. J'ai eu maintes fois l'occasion de le faire remarquer à mes collaborateurs, qui pour un oui ou pour un non me suggéraient d'en « toucher un mot au Président ». Je refusais le plus souvent : c'est sans doute parce que François Mitterrand savait que je ne le dérangeais pas pour n'importe quoi qu'il acceptait que je le dérange...

Inévitablement, cette proximité avec le chef de l'État m'a valu aussi quelques sérieuses inimitiés et jalousies qui me poursuivent encore aujourd'hui... Je suis toujours stupéfait – et parfois victime, même dix-sept ans plus tard ! – de l'idée que se font mes concitoyens de mes relations avec François Mitterrand. Certes, il m'accordait sa confiance et ma fonction à ses côtés impliquait que nous nous voyions beaucoup ; j'ai quelquefois dîné à sa table, en particulier à Latche, où l'ambiance était apparemment familiale et décontractée. Mais la décontraction, avec lui, était toute relative ! Je ne lui tapais pas sur l'épaule – pas plus qu'il ne le faisait, d'ailleurs – et je ne me serais jamais permis aucune familiarité en sa compagnie. De toute façon, il était presque inconcevable de le contredire (article 1 : le chef a toujours raison), et encore moins de l'affronter (article 2 : quand le chef a tort, appliquer l'article 1...). Madame et Mazarine sont les deux seules personnes que j'ai vues vraiment à l'aise avec lui.

Moi je me contentais d'être à son service, du mieux possible, en me conformant aux usages (qui m'ont été précieux !). On m'a beaucoup décrit faisant irruption dans son bureau, un dossier sous le bras, pour vendre ma salade... Même les juges d'instruction que j'ai eu l'occasion de (beaucoup) fréquenter lors de mes différentes « affaires » ont ce fantasme-là. C'est invraisemblable ! Lorsque j'avais à parler au Président, je demandais audience à son secrétariat particulier, comme tout le monde, et il me recevait plus ou moins rapidement... J'ai veillé à ne jamais abuser de son temps, qui était précieux. Il savait que mes demandes d'audience étaient toujours justifiées, et c'est pour cela qu'il me recevait. Voilà à quoi ressemblait notre « intimité » !

Comme lors des missions du GIGN, où j'évoluais le plus souvent en milieu hostile, j'ai donc avancé dans l'univers de l'Élysée à petits pas, avec prudence et discrétion. Assez rapidement, j'ai repéré qui essayait de faire quoi – et qui faisait réellement quoi ; cerner le territoire de chacun a été mon premier travail. Globalement, le principe est assez simple : chacun, depuis son poste, tâche d'élargir au maximum le champ de son action, quitte à chevaucher celui du voisin. Si ce champ est vacant, c'est parfait. S'il est déjà occupé, on se frotte à l'occupant pour voir qui des deux est le plus fort et s'il n'est pas possible de grignoter quelques mètres carrés. Rien que de très banal, finalement. Pourquoi les membres du clan Élysée seraient-ils au-dessus des lois qui régissent les rapports humains (et les fondements de l'agriculture !) depuis la nuit des temps ?

L'époque où j'ai dû m'acclimater à cette drôle de tribu présentait quand même une particularité majeure. Les socialistes venaient d'arriver au pouvoir. Parmi eux, François Mitterrand était le seul à l'avoir déjà exercé. Comme moi, tous les autres étaient débutants. Ils n'avaient encore ni expérience, ni habitudes. Chacun occupait son domaine, auquel il tenait jalousement : c'était l'expression même de son utilité. Mais les fonctions étaient assez mal définies, et l'on improvisait au fur et à mesure que la situation l'exigeait.

J'ai fait comme les autres : j'ai occupé le terrain que je connaissais, en essayant de me rendre utile dans des domaines qui n'entraient pas forcément dans la définition stricte de mes attributions de conseiller à la sécurité. Mais je n'ai pas agi avec les mêmes méthodes que mes collègues de l'Élysée, ni pour les mêmes raisons. En soi, le pouvoir ne m'a jamais intéressé, pas plus qu'un quelconque plan de carrière. Ce que j'aime, c'est l'action, le défi que représente une mission difficile, l'enthousiasme d'être utile à une cause que je crois juste.

J'avais un objectif à atteindre, et non des moindres : assurer le mieux possible la sécurité du chef de l'État, premier personnage de la République. Comme à mon habitude, je m'y suis donné corps et âme. En me mettant au service du Président – le plus souvent à sa demande – pour une foule de petites choses annexes concernant l'organisation pratique de sa vie quotidienne, je gérais et donc protégeais son environnement. Il avait besoin d'un cuisinier pour le goûter d'anniversaire de Mazarine ? Je lui trouvais un cordon bleu qui, en plus d'être capable de confectionner un gâteau en forme de raquette de tennis, serait d'une discrétion et d'une loyauté incontestables : c'était un gars du GSPR, ancien cuisinier de métier. En m'intéressant aux travaux d'installation, puis à l'entretien du domaine de Souzy – ce qui peut sembler dépasser largement mes attributions – je ne faisais que répondre à un besoin de François Mitterrand.

Sur ces questions, je collaborais le plus possible avec Gilles Ménage, « pièce rapportée » lui aussi, nommé quelques mois après mon arrivée directeur de cabinet adjoint, plus spécialement chargé des relations entre la présidence et le ministère de l'Intérieur. À deux, nous nous en sortions mieux. Plus le Président nous faisait confiance, et moins c'était difficile, pour moi et pour mes hommes, de le protéger.

Très vite après mon arrivée à l'Élysée, un deuxième objectif s'est ajouté à celui-là. J'ai été chargé de coordonner la lutte antiterroriste. Pour cette mission aussi, il m'a fallu « élargir » mon terrain d'action... J'ai été amené quelquefois à intervenir en toute confidentialité dans des affaires qui normalement n'auraient dû concerner que le Quai d'Orsay : lors du fameux voyage au Maroc bien sûr, mais aussi, par exemple, lorsque le Président a voulu prévenir le gouvernement de l'île Maurice qu'Action directe projetait, par l'intermédiaire d'un de nos ténors du barreau, d'y monter une affaire juteuse destinée à renflouer sa caisse noire...

Il m'est également arrivé de courir la campagne landaise pour trouver un panier garni de spécialités régionales que le Président pourrait offrir à un hôte étranger venu à Latche en toute discrétion pour négocier la libération des otages du Liban... Choisir du foie gras, des pruneaux, un bon confit de canard et les faire disposer dans une jolie corbeille soigneusement empaquetée était une autre façon de jouer mon rôle de manière efficace...

*
* *

J'ai donc eu la « chance » de voir gouverner la France, jour après jour, pendant toutes ces années. Drôle de spectacle ! J'y ai perdu quelques illusions, mais pas mon indécrottable naïveté, que certains n'hésitent pas à appeler autrement, d'ailleurs. Jamais le petit soldat que j'étais (à trente-huit ans, quand on est militaire et qu'on se retrouve propulsé dans la vie civile, on sort à peine de l'enfance...) n'aurait pu imaginer que les couloirs du pouvoir fussent un tel champ de bataille ! Bêtement, je croyais qu'une chose réunissait tous ces gens qui nous gouvernent ; cette même chose qui me fait avancer, comme elle fait avancer la plupart de ceux qui endossent l'uniforme – et qui, finalement, m'a poussé à accepter ce poste à l'Élysée dont je ne voulais pas : l'intérêt supérieur de mon pays (j'en entends déjà qui ricanent). Le choc a été rude ! J'ai croisé beaucoup de politiciens – conseillers, ministres, députés – mais bien peu d'entre eux agissaient avant tout en républicains... J'ai vu surtout des hommes (et quelques femmes, mais elles sont rares) défendre l'intérêt supérieur de leur carrière, de leur pouvoir, de leur clan... Si au passage le pays en profite, tant mieux. Sinon, tant pis.

Il m'a fallu un certain temps, par exemple, pour comprendre quels rapports Matignon entretenait avec l'Élysée. De loin, comme n'importe lequel de mes concitoyens, j'imaginais que le Premier ministre est l'allié objectif du Président qui l'a nommé, et qu'ensemble ils travaillent à mettre en place la politique qu'ils estiment la meilleure pour le pays. C'est en tout cas ce que prévoit la Constitution. Mais nulle part il n'est écrit que tous les types qui se retrouvent Premier ministre se voient immédiatement présidentiables ! Et que pour cette raison, aucun d'entre eux – à quelques exceptions près : je pense à Édith Cresson ou Pierre Bérégovoy – ne sert vraiment sans réserve le Président en place. J'ai pu le vérifier à de multiples reprises, et bien avant la première cohabitation, qui naturellement change un peu les règles du jeu – ou du moins les rend plus compréhensibles !

L'affaire Greenpeace fut, à mes yeux, un des plus terribles exemples de cette attitude. Le 10 juillet 1985, une explosion faisait couler le *Rainbow Warrior* dans le port d'Auckland. Un photographe trouva la mort dans l'explosion... À ce moment-là, la presse en a peu parlé, aucun coupable n'était désigné, « l'enquête suivait son cours »... Début août, j'étais à Latche avec Roland Dumas – alors ministre des Relations extérieures – pour une tout autre raison. Après nos entretiens, François Mitterrand a abordé le sujet :

– Commandant, qui a fait sauter ce bateau ?

– Je suis certain que c'est nous, monsieur le Président...

– Comment pouvez-vous dire ça ? On parle plutôt de l'extrême droite...

– Franchement, monsieur le Président, je ne crois pas. Cela ne peut être que nous.

Objectivement, à ce moment précis, je n'en savais

rien. Mais je connaissais assez bien le contexte : nous étions en pleine campagne d'essais de la bombe à neutrons, et les militaires en avaient assez de jouer à cache-cache avec Greenpeace. Un informateur de la DGSE[1], infiltré au sein de l'organisation écologiste, avait signalé qu'un analyseur neutronique, vraisemblablement fourni par les pays de l'Est (à cette époque, le Mur de Berlin était encore debout), se trouvait sans doute à bord du *Rainbow Warrior*. Greenpeace souhaitait peut-être mesurer les dangers du nucléaire sur l'environnement, mais les pays de l'Est, eux, avaient surtout besoin de connaître l'avancement de nos recherches en matière de bombe à neutrons, surnommée « bombe propre » ! Il n'était pas sorcier d'imaginer que toutes les informations recueillies par les militants écologistes allaient finalement parvenir aux services de renseignements soviétiques. Et les militaires français ne pouvaient pas prendre ce risque. Ils devaient donc neutraliser ce bateau, d'une manière ou d'une autre. Sans doute lassés de mettre du sucre dans le réservoir ou des saletés dans l'eau potable pour rendre l'équipage malade, ils ont dû vouloir passer à la vitesse supérieure : la DGSE a programmé la destruction pure et simple du navire...

De plus, j'avais reconnu dans cette opération l'inévitable côté « gros sabots » qui semble caractériser nos agents spéciaux... Quand on veut couler un bateau, on s'arrange pour qu'il soit en pleine mer et on crée une voie d'eau. Puis on le regarde couler, en

1. Direction générale de la sécurité extérieure.

s'assurant qu'un navire de la Royale (c'est ainsi que les militaires appellent la Marine nationale... depuis l'époque de Louis XIV !) est à proximité pour récupérer les naufragés... Et on l'envoie par trois mille mètres de fond, pour qu'il disparaisse, au lieu de laisser dépasser une épave expiatoire au milieu d'un port, sous tous les regards !

Je n'ai pas eu l'occasion d'exposer mon point de vue à François Mitterrand de manière plus précise. Visiblement, ma réponse courte mais sans ambiguïté a suffi à l'atterrer.

– Si ce que vous dites est vrai, nous allons avoir des ennuis...

– Je pense que vous pouvez éviter le pire, monsieur le Président. Si vous expliquez, avant que la presse ne s'en charge, que les militaires ont fait une erreur regrettable, mais qu'ils l'ont faite croyant défendre les intérêts de notre pays, ça paraîtra plus acceptable...

J'étais vraiment convaincu que si le Président, également chef des armées, posait un tel acte de pouvoir, la polémique devenait impossible... Au point d'oser le dire, alors qu'on ne m'avait rien demandé ! Roland Dumas n'était pas d'accord du tout :

– C'est le problème du gouvernement ! Laissez le Premier ministre se débrouiller avec cette affaire... Monsieur le Président, si vous vous mettez en première ligne, le gouvernement ne reconnaîtra pas sa propre responsabilité alors que c'est lui qui a pris la décision, et non pas vous.

Laurent Fabius était Premier ministre. Était-il au courant de l'opération ? Je n'en suis pas sûr, du moins pas dans le détail, mais en tout cas, je pense qu'il aurait dû l'assumer. Il devait forcément connaître le dossier : pour une campagne de tirs d'une telle envergure, la signature du ministre de la Défense – Charles Hernu en l'occurrence – ne suffit pas. De plus, Greenpeace avait tellement hurlé contre ces essais, menaçant de les perturber en stationnant près de la zone de tir, qu'ils étaient devenus un véritable enjeu politique. Il était impensable qu'une telle situation échappe au Premier ministre.

Les choses se sont envenimées assez vite, quand la presse a émis l'hypothèse vraisemblable qu'il s'agissait d'une opération de la DGSE, dont deux équipes étaient en mission sur place. Au cours de l'été, un « proche » de ce service n'a pas résisté au plaisir de se faire mousser en révélant l'existence d'une troisième équipe – dont la simple présence signait le forfait...

À mon avis, lorsqu'il est devenu clair que « le gouvernement » avait une responsabilité dans la neutralisation du *Rainbow Warrior*, Laurent Fabius aurait dû avoir le courage politique de l'endosser. Il ne l'a pas fait et je pense que François Mitterrand a eu la faiblesse de ne pas l'exiger. Charles Hernu a démissionné – nous avons perdu le meilleur ministre de la Défense de la Ve République – et le Président a fait les frais d'une erreur dont il n'était pas responsable. J'étais furieux, et humilié pour lui...

***

Heureusement, les « ratés » de la machine gouvernementale n'avaient pas toujours des conséquences aussi terribles. Mais encore aujourd'hui, ils me paraissent inacceptables. Au risque de passer pour un imbécile ou même un extra-terrestre (j'ai eu souvent cette impression, durant mon séjour à l'Élysée !), je continue d'estimer que les personnes chargées par leurs concitoyens de gouverner leur pays doivent avoir pour principale ambition le service de la nation. Et ce sont les résultats obtenus à la force de cette ambition-là qui devraient provoquer leur « ascension ». Malheureusement, c'est rarement le cas...

Une des grandes préoccupations de ce petit monde était de plaire, ou du moins de ne pas déplaire à François Mitterrand, sans doute par crainte d'essuyer une de ses colères froides et terribles. Mais, dans la plupart des cas, personne ne savait vraiment ce qu'il pensait, et bien peu se seraient risqués à le lui demander, d'autant qu'il lui arrivait fréquemment de brouiller les pistes en disant blanc à l'un et noir à l'autre sur un même sujet. C'est sans doute ce qu'on appelle « prêcher le faux pour connaître le vrai » ! Chacun tentait donc d'anticiper (en espérant qu'il irait dans le bon sens) sur ce que le Président pourrait dire ou penser de la question dont il était chargé. Résultat : la plupart du temps, les informations qui parvenaient à François Mitterrand étaient présentées sous ce que son interlocuteur croyait être leur meilleur jour, et la réalité arrivait déformée sur le bureau du chef de l'État.

Combien de fois ai-je entendu, dans les conversations, « le Président pense que... » alors que personne n'en savait rien ! La situation aurait pu être burlesque si elle n'avait pas pesé lourdement sur le bon fonctionnement de l'État... En effet comment, dans ces conditions, le Président pouvait-il être informé de la réalité et prendre ses décisions en connaissance de cause ?

C'est la raison pour laquelle il m'est arrivé, à plusieurs reprises, de ne pas résister à l'envie de donner mon avis de « Français moyen » sur des sujets qui n'avaient rien à voir avec ma fonction auprès du chef de l'État, mais dont j'avais entendu parler, d'une manière ou d'une autre... Je n'ai jamais programmé ce genre d'interventions, mais lorsque François Mitterrand me convoquait pour une raison précise, il n'était pas rare que nous abordions – toujours à son initiative – d'autres questions sur lesquelles il me demandait de réagir.

Au printemps 1997, en marge de l'affaire des écoutes (toujours en cours d'instruction...), le garage où je stockais mes archives – et celles, notamment, de mon passage à l'Élysée – a été perquisitionné. « Pour les besoins de l'enquête », comme on dit, et bien qu'elles n'aient rien à voir avec l'information en cours, toutes mes notes au Président ont été saisies, et transmises à la justice. J'ignore quel « malencontreux » concours de circonstances les a fait atterrir également à la rédaction d'un hebdomadaire d'information, qui s'est empressé de les publier, au mépris du secret de l'instruction. Cette publication m'a valu les sarcasmes de plusieurs journaux, qui m'ont accusé d'avoir voulu m'occuper de tout et de n'importe quoi. C'est vrai, j'ai fait des notes au Président concernant des domaines qui a priori ne me regardaient pas. Mais je n'étais pas assez stupide pour prendre le risque de l'importuner sur « tout et n'importe quoi » avec de la paperasse inutile qu'il m'aurait à coup sûr renvoyée en me demandant de quoi je me mêlais !

Il existait un moyen imparable de savoir si, oui ou non, une note avait capté son attention. Si elle vous revenait sans aucune annotation, c'est qu'il n'en avait que faire. Un petit « vu » en haut à droite de la page signifiait qu'il avait enregistré, et qu'on en reparlerait sans doute plus tard. Et lorsqu'il se donnait la peine de commenter, c'est qu'il était vivement intéressé. Quoi que l'on ait pu dire, j'ai toujours veillé à ne pas submerger le Président de communications sans objet (ça n'était pas dans mon intérêt !). Une note qui peut sembler hors sujet, dix ans après, à un journaliste, avait forcément une raison d'être au moment où je l'ai écrite. J'avais le statut de conseiller : c'est un drôle de rôle, un peu ambigu. On demande à un conseiller de réunir les faits, et rien que les faits, dans son secteur de compétence. Mais si par hasard sa fonction ou son expérience lui permettent de suggérer quelque chose, c'est aussi son boulot de prendre l'initiative. Attitude que j'ai toujours adoptée.

C'est en décembre 1982 que j'ai fait ma première note au Président sur un sujet qui ne me concernait pas... J'avais effectué un voyage important à New York dans le cadre de la préparation du sommet de Williamsburg. Pour des raisons de rapidité, l'Élysée m'avait fait voyager sur Concorde. Je montais pour la première fois dans cet avion splendide et j'étais heureux comme un enfant.

On m'a fait embarquer avant tous les autres passagers, sans que je sache trop pourquoi. Le chef de cabine, une grande femme élégante, m'a accueilli avec empressement :

– Bienvenue à bord, monsieur le conseiller. Le commandant de bord et l'équipage souhaiteraient vous parler. Voulez-vous m'accompagner, s'il vous plaît ?

Tout fier de faire désormais partie des VIP, je la suis jusqu'au tout petit galet[1] où m'attend le commandant de bord, entouré des membres de l'équipage.

– Bonjour monsieur le conseiller. Nous sommes d'autant plus heureux de vous recevoir parmi nous que vous êtes notre dernier espoir...

– Je vous demande pardon ?

– Vous n'êtes sans doute pas au courant, mais la direction d'Air France a décidé d'arrêter l'exploitation du Concorde... Vous vous rendez compte ? Un si bel oiseau... D'après les grands pontes, il ne serait pas rentable. C'est faux, vous le constaterez vous-même dans quelques instants : il est presque toujours plein !

1. Le galet est l'espace qui sépare le poste de pilotage de la cabine passagers.

Je suis tellement surpris et assailli de toutes parts que je ne parviens pas à placer un mot ! Le copilote renchérit :

– Et quand bien même il ne serait pas rentable, la France a quand même les moyens de se payer une danseuse !

Un hôtesse insiste :

– Une « danseuse », d'accord, mais ambassadrice de la technologie et du prestige français !

– Parlez-en au Président, mon commandant... Il n'y a que lui qui peut sauver cet avion.

On peut dire qu'ils y tiennent, à leur « danseuse » ! Je suis d'accord avec eux, mais que leur répondre ? Ce qu'ils me demandent est tout à fait hors de ma compétence...

– Écoutez, je comprends votre inquiétude et honnêtement, je suis complètement de votre avis. Mais je ne vois pas comment je pourrais...

– On vous demande juste de vous assurer que le Président est au courant des projets de notre direction, et de lui transmettre nos arguments... Vous le rencontrez assez souvent pour lui en toucher quelques mots !

– Je vais voir...

J'ai beaucoup hésité à rédiger cette note... Je ne savais pas si François Mitterrand apprécierait que je me mêle de ce qui ne me regardait pas. Mais il me paraissait invraisemblable que le Concorde disparaisse sans qu'il en soit informé. Jamais je n'aurais imaginé que ce magnifique outil de haute technologie, dont nous étions si fiers, puisse avoir besoin d'un avocat ! Je suppose que je n'ai pas été le seul à intercéder en sa faveur auprès du Président, mais j'ai sans doute été le premier : quand je lui en ai parlé, il semblait vraiment découvrir le dossier. Il a eu l'air étonné, m'a écouté lui relater ma discussion avec l'équipage avant de marmonner :

– Il est bien, cet avion. Et rapide. Bon, je vais en parler au ministre des Transports.

Finalement, Air France a renoncé à son projet !

Quelques mois plus tard, j'ai eu de nouveau l'occasion de mettre mon grain de sel sur un sujet qui ne me concernait pas. François Mitterrand nous avait fait descendre de toute urgence à Latche, Gilles Ménage et moi, pour travailler sur un dossier sensible. Comme toujours quand nous étions là-bas, le dîner réunissait de manière prétendument informelle toutes les personnes – familles, proches, collaborateurs – présentes dans la maison. La conversation courait d'un sujet à l'autre, comme dans tous les dîners. À cette époque (nous étions en mars 1983 : je connaissais encore assez mal le chef de l'État), les internes en médecine manifestaient violemment dans les grandes villes de France contre un texte de réforme qu'ils trouvaient inacceptable. François Mitterrand était agacé par cette agitation qu'il jugeait sans fondement : dans son esprit, les étudiants en médecine étaient des nantis qui se battaient pour conserver leurs privilèges... Comme lors de tous les dîners auxquels j'ai assisté en compagnie du Président, les convives s'évertuaient à ne surtout pas le contredire. Chacun s'est engouffré avec empressement dans la brèche qu'il avait ouverte : c'était à qui semblerait le plus scandalisé !

Il était assez cocasse, pour moi, d'observer ce que je considérais comme un échantillon de la « gauche nantie » en train de se faire peur avec quelques carabins en colère ! Ils donnaient l'impression de parler d'un début de putsch militaire, comme si ces manifestations contestaient la légitimité même du gouvernement socialiste. Le Président n'était pas en reste. C'est lui qui porta l'indignation à son paroxysme :

– Et en plus, ils ont fait une barricade. Vous vous rendez compte ? Une barricade ! Dès que je l'ai appris, j'ai demandé qu'on m'enlève ça rapidement.

Tout à coup, j'ai compris que la barricade était la vraie raison de sa colère : elle était un symbole de désordre, et il ne le supportait pas. Ainsi cet homme, chef de file de l'opposition pendant des décennies et militant patenté du droit à l'expression, était en fait farouchement attaché à l'ordre ! J'ai eu maintes occasions de le vérifier au cours des années suivantes, mais ce soir-là, pour l'homme de droite que j'étais encore, la découverte était stupéfiante... et réjouissante !

Par le plus grand des hasards, j'avais eu l'occasion de parler de cette réforme des études médicales une semaine plus tôt avec mon beau-frère et ma belle-sœur – tous deux jeunes médecins – lors d'un repas de famille. Visiblement, François Mitterrand était mal informé sur les causes de la révolte des étudiants. Devant le nombre d'à-peu-près proférés autour de cette table, je n'ai pas pu résister à l'envie de faire entendre un autre son de cloche : j'ai apporté mon point de vue... familial.

– Excusez-moi, mais je pense que la colère des internes n'a rien à voir avec celle d'une élite défendant un quelconque privilège... D'après ce que je sais, il s'agit surtout pour eux de refuser un examen qui risque d'annuler leurs six premières années d'études.

Un regard irrité de François Mitterrand m'enjoignit de cesser immédiatement cette intervention inopinée qui jetait un grand froid dans l'assemblée. Pour une fois, je passai outre, convaincu qu'il me fallait aller jusqu'au bout de mes explications... J'exposai donc ce que je savais : les étudiants ne contestaient pas la réforme dans son intégralité, mais un point précis du texte dont le législateur avait sans doute mal évalué les conséquences. Pas plus que ses conseillers, François Mitterrand n'avait pris la mesure de ce qu'impliquait cette nouvelle épreuve éliminatoire en fin de sixième année : elle laisserait sur le carreau plusieurs centaines de recalés, sans aucun diplôme, ni aucun avenir possible dans la profession. Ce soir là, à Latche, le Président a découvert (grâce à ma belle-sœur et mon beau-frère !) qu'on lui proposait un projet en partie indéfendable...

*
* *

Le chef de l'État n'était pas le seul à être parfois un peu loin de la réalité des Français. L'Élysée, peuplé d'un grand nombre de « stratèges de la politique », formés à l'ENA ou autres grandes écoles, est le théâtre d'acrobaties de raisonnement qui m'ont souvent laissé perplexe. Et j'ai eu l'occasion d'assister à des atterrissages douloureux ! Il m'est même arrivé, je l'avoue, de précipiter un peu le processus de descente...

C'était en 1984. Alain Savary, ministre de l'Éducation nationale, avait émis l'idée de réduire considérablement la participation financière que l'État accordait aux écoles libres. Les parents d'élèves desdites écoles, représentés majoritairement par l'UNAPEL[1] s'opposaient farouchement à ce projet : plusieurs grosses manifestations avaient déjà eu lieu en province. Il se trouve que l'un des responsables de l'UNAPEL était un bon ami à moi. Un jour, il me téléphone :

– Salut Christian. Dis-moi, je suis embêté... Ça fait quatre semaines qu'on demande une autorisation et un itinéraire pour une manifestation nationale à Paris. Pas moyen d'avoir une réponse ! On ne sait plus quoi faire, on n'aimerait pas être obligés d'organiser une manif' sauvage...

– Vous vous êtes adressés au préfet de police ? C'est avec lui qu'il faut voir ça...

– Bien sûr, nous lui avons écrit à plusieurs reprises, mais il ne répond pas... On a seulement obtenu une réunion avec lui, ce soir justement, mais je crains qu'elle ne donne rien. Je pense qu'il y a quelque chose qui bloque. On ne va quand même pas défiler sans autorisation... Surtout qu'on risque d'être plusieurs

1. Union nationale des Associations de parents d'élèves des écoles libres.

centaines de milliers ! J'ai l'impression que nous sommes dans une impasse. Tu ne peux rien faire ?

– Je vais voir qui gère ce dossier ici et je te rappelle...

Logiquement, le préfet de police avait dû transmettre la demande au ministère de l'Intérieur, qui en avait référé à l'Élysée : Gilles Ménage était sûrement au courant de ce dossier – il était au courant de tout, et ça m'a souvent été très utile ! – et saurait me dire s'il posait un problème. Je lui passe un coup de fil.

– Bonjour, Gilles. Dites-moi, avez-vous entendu parlé d'une grosse manif' à Paris, pour l'école libre ?

– Vous plaisantez ! Le préfet de police m'appelle sans arrêt pour savoir ce qu'a décidé l'Élysée. Et je ne sais toujours pas quoi lui répondre.

– Mais qui s'occupe de ça, ici ?

– Il semblerait que ce soit Jacques Attali. Et j'ai l'impression qu'il n'a pas du tout envie d'une manifestation pour défendre les écoles privées.

– Il ne va pas quand même réserver sa réponse jusqu'aux grandes vacances !

– Je n'en suis pas si sûr...

Je me voyais assez mal aller discuter de la question avec Jacques Attali. Nous nous fréquentions peu, bien que nous nous croisions assez souvent : je l'ai déjà dit, il fallait passer dans son bureau pour accéder à celui de François Mitterrand. Je pense qu'il n'aimait pas beaucoup ces entretiens – dont il ignorait la teneur – que m'accordait « son » Président... Lorsque j'étais resté longtemps dans le bureau, j'avais droit en sortant à un scénario immuable :

– Ça va Christian ?

– Ça va, Jacques. Et vous ?

– Très bien. Il faudrait tout de même que nous déjeunions ensemble, un de ces jours. Appelez donc mon secrétariat pour fixer une date !

Les premières fois, j'ai appelé. La réponse était toujours la même :

– Nous vous prévenons dès que nous avons une date, monsieur le préfet[1].

Nous n'avons jamais déjeuné ensemble ! Au point que c'était devenu, chez mes collaborateurs, un sujet de plaisanterie : pour qualifier un projet irréalisable, ils disaient « un déjeuner avec Attali » !

Il fallait donc que je trouve une autre manière d'aider mon copain à obtenir une autorisation pour la manifestation, et d'éviter – si je le pouvais – un envahissement sauvage de la capitale, avec tous les problèmes que cela suppose. À l'Élysée, je semblais être le seul à savoir que l'UNAPEL était extrêmement bien organisée : en moins de deux heures, par un système de « chaîne téléphonique », elle pouvait mobiliser trois cent mille personnes. C'était un argument de poids. J'ai rappelé mon ami :

– Voilà ce que tu vas faire. Lors de ta réunion avec le préfet de police, tu le menaces de mettre en branle

1. J'ai été nommé préfet en 1985, dans des circonstances que j'évoque un peu plus loin.

votre système téléphonique. Dis-lui que des cars sont prêts dans toute la France, et que si vous n'avez pas au plus vite l'autorisation pour une date et un itinéraire de manifestation, vous serez au moins trois cent mille à arriver dans Paris pour une manif' géante, à une date connue de vous seuls, et sans l'accord de personne.

– Tu rigoles, Christian ! On ne fera jamais une chose pareille.

– Je sais très bien que vous ne le ferez jamais, je te suggère simplement de le dire !

– C'est une menace suffisante pour les faire bouger ?

– Si tu précises que vous entrerez dans Paris par toutes les portes à la fois, pour converger vers les Champs-Élysées, je te garantis que c'est imparable. Les forces de l'ordre ne peuvent pas contrôler trois cent mille personnes qui débarquent dans la capitale tous azimuts, en même temps... Et puis politiquement, cela ferait assez mauvais effet. Aucun pouvoir en place ne peut se permettre un camouflet pareil !

– C'est d'accord. On va faire comme ça... J'en parlerai ce soir, à la réunion.

– Moi, de mon côté, je vais faire savoir que j'ai eu vent de votre projet, et que vous êtes bien décidés à le mettre à exécution si on persiste à vous refuser une autorisation en bonne et due forme.

– D'accord. J'espère que ça va marcher...

– J'en mettrais ma main à couper !

J'ai fait une note au Président, et une autre à Gilles Ménage, pour les prévenir qu'il me semblait urgent de donner une autorisation et une date, si l'on ne voulait pas courir le risque de se retrouver confrontés à une manifestation incontrôlée... Ajoutées à celle du préfet de police, très inquiet de cette perspective, ces notes ont décidé (obligé ?) l'Élysée – et Jacques Attali – à donner le feu vert aux militants de l'école libre.

Ils l'ont fait à contrecœur, en pensant avoir trouvé un bon moyen de minimiser l'événement : le 24 juin 1984, date imposée aux manifestants par l'Élysée, François Mitterrand devait être au Kremlin. Au cours de son voyage, il allait prononcer devant la Douma un discours d'un grand courage politique, dénonçant avec force et sans langue de bois les manquements soviétiques au respect des droits de l'homme. Tout à leur analyse politique, les conseillers du Président ont misé sur l'importance de ce discours. Ils étaient persuadés que la prise de position historique de François Mitterrand sur une question internationale mobiliserait les médias et reléguerait au second plan la manifestation pour l'école libre. Mais les problèmes intérieurs prennent toujours le pas sur les questions internationales... Le résultat les a ramenés à la réalité : un million de personnes ont défilé (calmement !) dans les rues de Paris, sous le regard de toutes les caméras. Et le discours – pourtant magnifique – de François Mitterrand est passé complètement inaperçu...

Ça ne leur a pourtant pas servi de leçon : quelques mois plus tard, les mêmes joyeux stratèges ont choisi le jour d'un discours capital du Président à la Knesset

– pour la première fois, il soutenait devant les députés israéliens la légitimité d'un État palestinien – pour annoncer l'augmentation du prix de l'essence en France ! Les gros titres de la presse – qui elle, est très au fait des priorités de ses concitoyens, et sait parfaitement brosser l'opinion publique dans le sens du poil – ont, une fois encore, relégué en dernière page le courage politique de François Mitterrand.

Il faut vraiment être déconnecté des réalités pour s'imaginer que ses concitoyens peuvent être plus préoccupés par l'existence de tel ou tel peuple étranger que par leurs réalités quotidiennes – en l'occurrence, leur pouvoir d'achat !

***

Il ne m'est pas arrivé très souvent d'utiliser ma position « stratégique » pour donner un coup de pouce à un ami, et pour cause : mes amis de longue date, solides et indéfectibles, n'ont jamais mélangé nos relations et mes fonctions (les remercierai-je jamais assez de leur discrétion et de leur soutien ?). Il n'empêche que lorsqu'on est en poste à l'Élysée (ou dans n'importe quel lieu de pouvoir, d'ailleurs), « gérer ses relations » devient incontournable, et même nécessaire. Cela fait partie intégrante du travail : le bouche à oreille permet parfois, mieux que n'importe quel autre moyen, d'obtenir une information importante, ou de trouver la personne la mieux placée pour accomplir telle ou telle tâche. C'est un aspect de ma mission auquel je n'avais pas pensé, mais qui s'est rapidement imposé à moi, d'autant que mes « relations » se révélèrent vite innombrables ! Dès que j'ai eu un bureau à l'Élysée, le téléphone s'est mis à sonner. En ces années « fastes », je recevais plus de trois mille cartes de vœux à chaque période de Noël ! C'est fou comme le nombre de mes « amis de toujours » avait augmenté !

J'ai donc « géré », du mieux que je pouvais, ce flot d'amitiés nouvelles. Je n'étais pas dupe, mais j'étais bien obligé de jouer le jeu. Je fréquentais le moins possible cocktails et microcosme parisien – j'avais autre chose à faire ! – mais cela ne m'a pas empêché de réaliser combien le système peut être pernicieux, voire dangereux…

Lorsqu'on vous appelle pour vous demander d'intervenir afin de faire affecter dans une caserne pas trop loin de chez lui un fiston qui part au service militaire, ça n'a que peu d'importance : je l'ai fait volontiers, en refusant toujours – par principe – de faire réformer qui que ce soit. Mais lorsqu'on vous demande innocemment si vous pouvez passer un coup de fil dans un ministère pour savoir où en est un dossier important – il pouvait s'agir de contrats à l'étranger, ou de tel ou tel marché à enlever – la démarche est beaucoup moins anodine ! Je ne l'ai compris qu'au bout d'un certain temps… Un simple coup de fil de l'Élysée pour connaître l'avancement d'un dossier est un coup de pouce à ce dossier : puisqu'on s'en préoccupe « au plus haut niveau », le fonctionnaire en charge de l'affaire a toutes les raisons de penser qu'il est sûrement très sérieux, voire prioritaire ! Alors, « puisque l'Élysée a appelé », il en prend un soin particulier… Bien sûr, une intervention de ma part ne suffisait pas, mais elle s'ajoutait à une autre, puis une autre, puis une autre... Ainsi se tisse petit à petit ce qu'il faut bien nommer, lorsqu'il est régulièrement utilisé par des coutumiers du fait, le trafic d'influence. Dès que j'ai réalisé comment fonctionnait le système, j'ai veillé à rendre ce genre de services avec jugeote et parcimonie. J'ignore si j'ai pu me protéger de tous les spécialistes du trafic d'influence. On peut, en parfaite bonne foi, avantager quelqu'un en croyant être utile à tous...

Et l'on peut aussi devenir un rouage du système sans même le savoir ! Un jour, dans une réunion de préfets, un « collègue » (c'est ainsi que nous nous appelons, entre préfets) de l'est de la France vient me serrer la main.

– Bonjour, cher collègue, comment allez-vous ?

Légèrement interloqué car peu habitué à ce genre de mondanités, mais soucieux de rester poli, je rends son salut à cet homme que je n'ai jamais vu.

– Vous ne me situez pas ? Monsieur X, de la préfecture de Y. Votre cousin est-il content ?

J'essaie désespérément de comprendre ce que veut me dire ce préfet, et de réprimer l'unique réponse qui me vient à l'esprit : « Heu... content de quoi ? ». Je sens bien que cette réponse-là nous mettrait tous les deux dans l'embarras ! Mon air surpris (ahuri ?) encourage mon interlocuteur à apporter quelques détails qui nous permettent de nous en sortir dignement.

– Excusez-moi, j'aurais dû être plus précis. Je faisais

allusion à votre cousin qui travaille dans les Eaux et Forêts. J'ai obtenu sa mutation, comme il le souhaitait.

– Mon cousin ? Je suis désolé, cher collègue, mais à ma connaissance, je n'ai aucun cousin ni dans l'est de la France, ni dans les Eaux et Forêts !

– Vous en êtes bien sûr ? Pourtant, il est venu me voir il y a quelques mois en se recommandant de vous. Je n'ai pas jugé utile de vous importuner pour une affaire de si petite importance... Mais j'ai fait ce qu'il fallait, et il a eu sa mutation.

– Vous auriez dû m'appeler ! Et j'aurais pu vous dire que cet homme n'est pas mon cousin ! Mais je vous remercie tout de même d'avoir voulu m'être agréable.

J'avoue, j'étais un peu gêné devant l'air déconfit de ce pauvre préfet... Mais je ne pouvais tout de même pas, juste pour le sortir de ce mauvais quiproquo, reconnaître un cousin qui n'existait pas !

Une première fois déjà, juste avant ma nomination à l'Élysée, ma famille s'était trouvée élargie de manière encore plus stupéfiante. Une promotion de Saint-Cyr, prestigieuse école d'officiers français, était venue assister à une démonstration du GIGN, à Maisons-Alfort. Nous étions dans l'amphithéâtre où je venais de leur faire un long exposé sur l'antiterrorisme. Comme il est d'usage, le colonel qui accompagnait la future élite de l'armée française a pris la parole pour me remercier :

– Et je suis d'autant plus heureux de vous rencontrer aujourd'hui, mon commandant, que j'ai eu le plaisir d'avoir sous mes ordres votre frère cadet.

J'ai deux sœurs adorables, mais je suis l'unique fils de mes parents ! Je n'ai pas pu m'empêcher de répondre :

– C'est ma mère qui va être surprise d'apprendre cette nouvelle !

Le pauvre colonel est resté bouche bée, devant deux cents élèves officiers qui contenaient mal leur hilarité. J'ai découvert plus tard que cet autre Prouteau avait usé de cette soi-disant parenté à plusieurs reprises au cours de sa carrière d'officier. Un jour, j'ai reçu une pauvre lettre de repentir dudit Prouteau, m'expliquant qu'il n'avait jamais prétendu être mon frère, mais ne l'avait jamais démenti non plus... Il se considérait un peu comme une sorte de cousin à la mode de Bretagne. Je ne sais pas ce qu'il est devenu, mais à mon avis, depuis que j'ai « quelques ennuis », il doit être moins empressé à revendiquer notre lien familial !

Ces petits malins (il y en a eu d'autres...), assez culottés pour m'utiliser à mon insu, m'ont finalement plus fait rire qu'agacé. Ils sont la preuve qu'ont peut croiser partout cette drôle de faune prête à n'importe quoi pour arriver à ses fins. Mais cette génération spontanée de relations et d'amis était somme toute bien moins antipathique que la cohorte d'ambitieux sans scrupules que l'on rencontre inévitablement au sommet du pouvoir.

Dans les couloirs de l'Élysée, j'ai eu le loisir

d'observer quelques beaux spécimens de l'espèce qui, une fois arrivée au sommet, laisse au vestiaire son éthique et son humanité. Ainsi cet homme politique, militant socialiste depuis toujours, la bouche encore pleine de beaux discours sur l'égalité sociale, traitant le « petit personnel » du palais avec mépris et arrogance... Et cet autre, servi par un chauffeur fidèle et corvéable à merci pendant toutes les années où il avait été « seulement » député, qui, dès qu'il est devenu ministre, l'a laissé tomber sans un mot (et sans lui trouver un autre boulot) pour un chauffeur plus « stylé » ! Ou encore ce ministre tyrannique, qui après avoir détecté une faute d'orthographe dans une note, n'hésita pas, en pleine réunion de travail, à tirer par l'oreille le conseiller coupable pour le ramener dans son bureau afin de « lui apprendre à écrire le français » !

Au cours de ces quatorze ans, j'ai rencontré, je pense, toute la palette de personnages qu'on pouvait déjà croiser, quelques siècles plus tôt, à la cour des rois. Les arrivistes, les manipulateurs, les menteurs, les flatteurs... Un jour, au cours d'un voyage officiel dans ce qui était encore la Yougoslavie, la délégation française se retrouva, comme souvent en pareille circonstance, autour d'un dîner « privé » avec le Président. Nous étions une vingtaine, conviés par le chef de l'État dans l'ancienne datcha de Tito où ses hôtes l'avaient installé. Parmi les convives, une brillante et fraîchement nommée recteur d'académie retenait particulièrement l'attention de François Mitterrand, qui menait la conversation avec animation :

– J'ai une nièce en CM2. Elle m'a expliqué, avec beaucoup de détails, comment les Romains ont appris des Gaulois à conserver le vin dans des tonneaux de bois plutôt que dans des amphores... J'étais étonné qu'une enfant de neuf ans se passionne ainsi pour l'Histoire, et ravi qu'elle puisse m'apprendre une chose que j'ignorais !

– Oui, les nouvelles méthodes d'enseignement, plus thématiques, mettent l'accent sur la vie quotidienne et l'importance de la culture dans l'Histoire.

– C'est intelligent, mais pas toujours très convaincant. Cette même petite nièce pense que Vercingétorix a été empereur bien après Napoléon !

J'étais le seul, je pense, à pouvoir savourer vraiment le contenu intégral de la conversation : la « nièce » en question, élève de CM2... ressemblait trait pour trait à une certaine « petite demoiselle » !

Au cours de ces dîners, on retrouvait toujours deux sortes de personnes : celles qui écoutaient et participaient à bon escient – c'était le cas du recteur – et celles qui « la ramenaient » pour attirer à tout prix l'attention du Président. Il avait horreur de ça, et prenait un malin plaisir à leur rabattre le caquet ! Ce soir-là, une grosse tête de l'audiovisuel tentait désespérément de voler la vedette au discret recteur. Il dépensait une énergie incroyable à tenter de s'immiscer dans la conversation, ne ratant pas une occasion de glisser un « moi-même, lors d'une émission... », ou « j'ai bien connu Untel qui lui aussi... », sans jamais parvenir à ses fins. J'avais remarqué que François Mitterrand commençait à être passablement agacé par son manège. Au milieu du repas, il lance à la cantonade :

– Cette maison est belle n'est-ce pas ?

L'importun s'empresse de répondre :

– Oui, monsieur le Président. Une datcha comme on n'en fait plus !

– J'y suis déjà venu, il y a quelques années. Le maréchal Tito avait organisé une fête. J'étais là en tant que premier secrétaire du Parti socialiste ; il y avait aussi le Président Giscard d'Estaing et Georges Marchais. Il s'est passé quelque chose de très amusant. Nous devions assister à un défilé. Au moment de nous installer sur l'estrade, le service du protocole s'est trompé. Ils m'ont fait asseoir à la place de...

– Ah, déjà ! C'était prémonitoire !

Plus malin que tout le monde – et voulant le montrer – notre grosse tête n'avait pas résisté au plaisir de couper la parole au Président pour faire un bon mot : il était tombé à pieds joints dans le piège qu'on lui tendait !

– ... à la place de Georges Marchais.

En finissant sa phrase, imperturbable, François Mitterrand savourait sa victoire. Le raseur, arrêté en plein vol, a piqué du nez dans son assiette. Et nous a fichu la paix pendant... une bonne demi-heure.

Que ce soit dans des dîners mondains sans grande importance ou dans la gestion quotidienne des affaires de l'État, tout ce petit monde empressé qui l'entourait constamment amusait ou exaspérait François Mitterrand, selon son humeur. Avec l'intelligence qu'on lui connaît, il utilisait le désir que chacun avait de lui plaire ou de lui être utile sans hésitation.

Fréquemment, il chargeait deux ou trois personnes de la même tâche – sans les prévenir, bien sûr. Il est arrivé plus d'une fois que cette façon de faire provoque des télescopages étonnants ! J'en ai moi-même été victime, et parfois irrité ou vexé... Mais je l'ai toujours accepté : c'était un bon moyen, pour lui, d'obtenir ce qu'il voulait sans jamais dépendre d'une seule personne, et en multipliant ses sources d'information. Il y a gagné une réputation de Machiavel, de Byzantin, etc. À juste titre, sans doute. Mais je continue de penser qu'il avait raison, et que cette « duplicité » est une excellente qualité... quand on est chef d'État !

– 7 –

La rue des Rosiers

Même pour une mission passionnante et prestigieuse comme la sécurité du chef de l'État, il n'est pas facile de mettre au placard neuf années de son existence... Mon arrivée à l'Élysée marquait aussi mon départ du GIGN. Je l'ai dit, et raconté en détail dans un premier livre : la création de ce groupe fut une aventure extraordinaire et unique. Il m'en reste une sorte de « famille » à laquelle je suis intimement et inexorablement lié. À de multiples reprises, durant ces quatorze ans passés au service du Président, elle s'est rappelée à mon souvenir. Le triste épisode d'Ouvéa – que j'aurai l'occasion d'évoquer un peu plus loin – illustre bien cette fidélité réciproque que nous nous portions, le GIGN et moi, surtout dans les moments difficiles : nous pouvions compter l'un sur l'autre...

En acceptant ma nouvelle affectation, le 13 juillet 1982, j'acceptais aussi – avec un pincement au cœur – de changer radicalement de métier. Même si je l'avais souhaité, quitter le groupe n'était pas simple pour le soldat actif et opérationnel que j'étais. Comme à mon habitude, j'ai foncé droit devant, sans m'attarder sur mes souvenirs.

Le travail de manquait pas. En trois semaines, j'ai imaginé les grandes lignes du GSPR, contacté Alain Le Caro pour lui proposer d'en prendre le commandement, mis en route le recrutement des trente premiers volontaires, fait mon voyage d'étude aux États-Unis pour affiner mon projet, passé quelques heures à Latche pour prendre contact avec François Mitterrand, visité la plupart des lieux où il se rendait régulièrement... Mais il restait une foule de choses à mettre en place : évaluer les besoins en matériel et passer les commandes, organiser la formation des gars au GIGN – elle devait impérativement commencer début septembre pour que nous soyons prêts six mois plus tard, comme je m'y étais engagé –, préparer les statuts qui paraîtraient dans le *Journal Officiel*... Une gageure !

J'étais totalement absorbé par cette nouvelle vie lorsque l'ancienne – si récente ! – m'a rattrapé. Le 9 août 1982, j'apprends par la radio qu'un attentat antisémite a fait un carnage épouvantable rue des Rosiers, dans le quartier juif de Paris. Quatre hommes armés de pistolets d'assaut ont fait irruption chez *Goldenberg*, un restaurant très fréquenté. Ils ont tiré sur les clients. Résultat : six morts, vingt-deux blessés.

J'étais atterré. Cet attentat était la preuve sanglante de ce que j'avais pu observer : le terrorisme était en pleine mutation. Les succès du GIGN n'y étaient sans doute pas pour rien... Pendant quelques années, les terroristes avaient utilisé les « prises d'otages ouvertes » pour faire parler d'eux. La technique était bien rodée : une poignée d'hommes prennent le contrôle d'un avion (ou d'un bus, d'un train, d'une école, etc.) et menaçent de tuer ses occupants si les négociations n'aboutissent pas. Le principal motif de cette action est l'écho médiatique qu'elle va provoquer. Généralement, la prise d'otages dure plusieurs jours et se déroule en direct sous les yeux de la presse du monde entier... Mais l'efficacité du GIGN – et d'autres unités dont la plupart avaient été formées à nos techniques un peu partout dans le monde – allait peu à peu contraindre les groupes terroristes à abandonner les « prises d'otages ouvertes » au profit d'autres méthodes. Il me semblait inéluctable qu'ils reviennent à des actions plus traditionnelles, et plus meurtrières : le carnage de la rue des Rosiers n'était ni le premier ni le dernier épisode de ce monstrueux retournement de situation.

J'avais passé des mois à harceler les autorités pour qu'elles comprennent qu'on ne pouvait pas espérer que le GIGN seul suffirait à répondre au problème du terrorisme – même au prix d'actions spectaculaires. Au fil des années, j'avais l'impression de n'avoir mis au point qu'une chirurgie d'urgence pour une maladie qui devait aussi être soignée en profondeur, et surtout prévenue. Savoir désamorcer une bombe placée dans un lieu public, c'est bien. Mais savoir qui va poser cette bombe, et l'empêcher de le faire, c'est le seul vrai combat à mener, dans cette guerre-là. En France et en Europe, les attentats étaient seulement traités au coup par coup – et malheureusement, souvent, après coup – sans qu'on se donne les moyens d'anticiper sur les actions des terroristes... Il fallait mettre en place au plus vite un vrai travail de recherche et d'information sur leurs réseaux nationaux et internationaux, qui mobiliserait toutes les forces disponibles – les services de renseignements, la police, la gendarmerie, la justice... J'avais eu beau le crier haut et fort, personne n'avait voulu m'entendre. Ces fins de non-recevoir répétées avaient été pour beaucoup dans mon envie de quitter le GIGN.

Et voilà. Le 9 août 1982, la radio m'annonçait ce drame prévisible dont je me sentais d'une certaine manière responsable, et j'étais là comme un pantin, bien à l'abri sous des plafonds dorés. Je me trouvais à l'Élysée, au cœur du pouvoir et pourtant dépourvu de tout moyen d'action... Ah, il avait bonne mine, « Monsieur le Chargé de Mission » ! Qu'est-ce que je faisais assis dans ce bureau au lieu de partir au combat contre ces assassins ?

Je n'y peux rien, je suis un soldat... Mon devoir était de mettre mon expérience au service de l'État. Personne ne m'avait rien demandé, mais je n'ai pas pu m'en empêcher : le 10 août, j'ai écrit une courte lettre à François Mitterrand pour lui exposer mon point de vue sur la lutte antiterroriste.

Le lendemain, l'un des multiples boutons de mon magnifique clavier téléphonique se met à clignoter avec insistance : il indique le nom de Charasse, dont j'ignore jusqu'à l'existence. Sûrement un conseiller... Je réponds.

– Prouteau ? Bonjour, c'est Charasse. Le Président m'a transmis votre note sur l'antiterrorisme. Pourrions-nous en parler ?

– Volontiers, monsieur le conseiller. Quand voulez-vous ?

– Vous pouvez venir tout de suite ?

– Dans dix minutes, si vous voulez.

– Je vous attends.

Il me fallait bien dix minutes pour trouver quelqu'un qui saurait me dire qui était Michel Charasse, et où était niché son bureau !

Au quatrième étage, sous les combles, m'attendait un conseiller très... spécial. En bras de chemise et bretelles, les pieds croisés sur la table et un gros cigare collé entre les dents, il m'a accueilli d'un sonore et sympathique :

– Entrez, mon commandant !

J'ai à peine eu le temps de me remettre de ma surprise : un individu si « nature » – à la limite de la caricature – c'est assez rare, à l'Élysée ! Mon étonnant interlocuteur m'a bombardé de questions, à toute allure, sur ce que je savais du terrorisme et comment je pensais pouvoir le combattre. En une petite demi-heure, c'était réglé : il avait eu les informations qu'il attendait... J'avais eu, moi, le loisir de comprendre que c'était l'affolement, au gouvernement : personne ne semblait connaître quoi que ce soit en matière de terrorisme, mais visiblement, tout le monde était enfin convaincu qu'il était temps de se pencher sérieusement sur la question.

En redescendant les escaliers, j'étais plein d'enthousiasme. D'après Michel Charasse, le Président était vraiment décidé à prendre les choses en main. Il faut dire que le massacre d'innocents en plein Paris avait plongé l'opinion publique dans la consternation. Les terroristes l'avaient bien compris : en frappant aveuglément des passants, ils décuplaient l'écho de leur action. Si l'horreur s'abattait au hasard sur n'importe quel anonyme, sans négociation possible, la terreur pouvait vraiment s'installer, et déstabiliser un pays. C'était exactement le but recherché ! Déjà, la presse réclamait des explications, et des solutions...

En écrivant cette lettre au Président, j'espérais bien lui avoir donné envie de créer rapidement une véritable équipe de réflexion sur la lutte contre le terrorisme, réunissant tous les services concernés... Peut-être même que moi, le petit commandant fraîchement débarqué, je pourrais y prendre part – ne serait-ce qu'en tant que consultant – et apporter mon savoir-faire d'homme de terrain ? C'est avec le sentiment du devoir accompli, comme on dit, que je retournai à mes moutons – le peaufinage du GSPR – avant de prendre une courte semaine de vacances vendéennes en famille, dans la maison de mes parents...

Quelques jours plus tard – c'était le 18 août, je ne suis pas près de l'oublier ! – j'étais en train de travailler dans le jardin lorsque le téléphone a sonné.

– Bonjour, commandant. C'est Christiane, au secrétariat du Président. Il veut vous voir au plus vite...

– Me voir ? Maintenant ? Heu... bon, très bien. J'ai cinq heures de route. Le temps de me préparer et...

– Non, non. C'est très urgent. On vous envoie un hélicoptère. Il sera chez vous dans deux heures.

– Un hélicoptère ? Bien sûr. Je serai prêt...

J'avais un peu de mal à réaliser ! Il faut dire que pour moi, la situation n'était pas banale. J'étais en train de bricoler au fin fond de la Vendée, et tout d'un coup, on m'informait que le Président voulait « me voir au plus vite ». Je n'étais pas encore habitué...

– Heu... Christiane, vous savez de quoi il s'agit ?

– Pas du tout. Je suis juste chargée de vous prévenir...

Dès le téléphone raccroché, j'ai allumé la radio pour savoir si un drame s'était produit : rien. Quand le Puma présidentiel s'est posé sur le terrain de foot de mon petit village vendéen – où il a fait sensation ! – je n'avais toujours aucune idée de la raison urgente qui nécessitait mon retour à Paris. Deux heures plus tard, j'étais à l'Élysée, dans un palais presque désert (nous étions en plein mois d'août) et silencieux. Mais l'huissier veillait, fidèle au poste. Il m'a fait entrer dans le bureau de François Mitterrand, toujours aussi impressionnant.

– Ah, commandant, vous êtes là !

Comme si j'avais le choix ! Même lorsqu'il convoquait les gens de toute urgence, il les accueillait toujours avec cette petite phrase feignant la surprise.

– Vous vouliez me voir, monsieur le Président ?

– Oui. Asseyez-vous. La note que vous m'avez adressée à propos du terrorisme m'a beaucoup intéressé. Vos suggestions sont de bonnes suggestions.

– Merci, monsieur le Président.

– C'est pourquoi je veux que vous sachiez, avant de l'entendre ce soir lors de mon intervention à la télévision, que j'ai décidé de vous nommer pour une mission de coordination de la lutte antiterroriste.

Je n'en croyais pas mes oreilles ! Je disposais d'un dixième de seconde pour ravaler ma surprise, cacher mon étonnement, et rassembler mes idées. Immédiatement, une objection majeure m'est venue à l'esprit :

– Monsieur le Président, confier une telle mission à un gendarme va automatiquement créer de grosses tensions avec la police...

– Je sais, mais c'est ma décision. Defferre en fera son affaire, les policiers n'ont qu'à s'exécuter. Si les services de renseignements avaient bien fait leur travail, on aurait sans doute pu éviter l'attentat de la rue des Rosiers.

– Permettez-moi d'insister, monsieur le Président. Cette mission n'est possible que si tous les services acceptent de collaborer, au lieu de jouer les uns contre les autres comme c'est trop souvent le cas. La seule solution pour combattre efficacement le terrorisme, c'est de créer une équipe multiservices : j'aurais besoin que la police soit avec moi, et non pas contre moi...

– J'ai bien compris, commandant. De toute façon, ils exécuteront les ordres.

– Bien, monsieur le Président.

Visiblement, notre entretien était terminé : il a chaussé ses lunettes et s'est penché sur le parapheur posé sur son bureau. Puis il m'a distraitement tendu la main, en se levant à moitié :

– À bientôt, commandant. Et tenez-moi au courant.

– Bien sûr monsieur le Président.

Jamais je n'aurais imaginé, en grimpant dans le Puma venu me chercher quelques heures plus tôt, ce qui m'attendait à Paris... Dans mon esprit, je n'avais ni l'âge ni le grade requis pour envisager un seul instant de prendre la responsabilité de cette cellule antiterroriste que j'avais tellement réclamée. Les grands services étaient pleins de hauts fonctionnaires expérimentés qui auraient sans doute assumé avec compétence une telle mission ! En quittant l'Élysée, j'étais abasourdi... mais déjà fébrile et impatient d'avoir enfin les moyens de mettre cette équipe en place.

Le soir, à 20 heures, j'étais devant ma télévision. En écoutant François Mitterrand annoncer ma nomination aux Français, je ne me rendais pas compte qu'il faisait basculer ma vie...

*
* *

Les ennuis ont commencé dès le lendemain matin. J'étais victime de ce que je nomme aujourd'hui, après l'avoir expérimentée à mes dépens, la « théorie du truc ». Lorsque quelque chose ne va pas, « l'opinion », et surtout les médias qui la font, réclament – à grand renfort de « Que fait le gouvernement ? Que fait la police ? » – une solution immédiate, qui rassurerait tout le monde et réglerait toutes les difficultés. Comme c'est cette même opinion qui fait monter ou descendre leur cote de popularité, les politiciens n'ont de cesse de lui fournir cette solution miracle. Ils doivent trouver au plus vite le « truc » qui rassurera leurs chers électeurs. Généralement, on crée un poste ou on nomme un préposé au problème litigieux, une sorte de Monsieur Propre qui va tout arranger... et on se rendort sur ses deux oreilles, puisqu'on a trouvé le « truc » !

Pour la rue des Rosiers, le « truc », c'était moi.

J'ai été assailli par les médias, auxquels j'ai refusé de répondre : à ce moment-là, je n'avais rien à dire, et surtout pas besoin qu'on parle de moi. Mon unique préoccupation était d'être en mesure au plus vite de déclarer la guerre au terrorisme. Mais la presse est tenace (et rancunière, j'aurai très vite l'occasion de le découvrir). Sans avoir rien fait pour ça, j'ai eu droit à la une des journaux, abusivement présenté comme un *« super-gendarme »*, un *« homme d'élite »* et même le *« James Bond de la gendarmerie »* !

Naturellement, tout ce battage médiatique a exacerbé la fureur prévisible des policiers, qui ont pris ma nomination comme une claque dans la figure. Quelques jours plus tard, ils menaçaient de faire grève ! « Defferre en fera son affaire », avait prévenu le Président... Le ministre de l'Intérieur a eu bien du mal à calmer ses troupes. Prévoyant, François Mitterrand avait décidé, en même temps que ma nomination, de créer un secrétariat d'État à la Sécurité, confié à Joseph Franceschi, maire d'Alfortville. Même si son expérience dans ce domaine particulier était plutôt limitée, sa présence a contribué à tranquilliser les policiers.

Une de ses premières décisions fut de nommer à ses côtés le commissaire divisionnaire Robert Broussard, qui serait un peu mon homologue policier. Notre collaboration, au début franche et cordiale, finira par se détériorer... Ce garçon tout en intuitions qui ne cachait pas sa tendresse (jalouse ?) pour le GIGN, sera nommé préfet de police en Corse quelque temps plus tard. Notre activité et l'agitation de Paul Barril l'ayant passablement énervé, il finira par nous surnommer « les pieds nickelés » ! Du coup, ses résultats dans l'île de Beauté étant assez peu convaincants, mon équipe aura beaucoup moins de scrupules à l'appeler « Canada Dry », sans doute parce qu'il était à l'antiterrorisme ce que cette boisson est à l'alcool.

J'étais bien décidé à laisser de côté l'agitation médiatique (qui finit toujours par retomber !) et la stérile guerre des polices pour un autre combat, crucial, celui-là. La première urgence était de mesurer les forces en présence. Du côté des autorités, le constat était – hélas ! – assez vite dressé : il n'existait aucune structure véritablement spécialisée dans l'antiterrorisme. Le sujet concernait en tout et pour tout – et encore, indirectement – une soixantaine de personnes, disséminées dans toutes sortes de services, et rarement en contact les unes avec les autres, quand elles n'étaient pas, carrément, en concurrence directe.

La DGSE (Direction générale de la sécurité extérieure, militaire) était en charge du terrorisme venu des pays étrangers... Sauf de l'Algérie et du Liban, que la DST (Direction de la surveillance du territoire, policière) conservait jalousement – c'est un euphémisme ! – sous son aile, pour des raisons que je n'ai jamais réussi à élucider. Ces deux services croisaient parfois dans leur sillage quelques agents des RGPP (Renseignements généraux de la police parisienne), dont les attributions englobaient la surveillance de tous les terroristes – français ou étrangers – installés à Paris, mais aussi ceux des RG (Renseignements généraux, policiers eux-aussi), chargés de l'ensemble du territoire national. Bien entendu, tout ce petit monde s'appréciait peu, s'épiait et se méprisait cordialement. Il est arrivé plus d'une fois qu'un gars de la DST se fasse arrêter par une équipe de la DGSE, ou vice versa, ceci en toute connaissance de cause, et dans le but unique de se mettre mutuellement des bâtons dans les roues !

Pour compléter ce réjouissant tableau, il convient d'ajouter qu'à l'époque, l'univers du renseignement était figé sur un vieux schéma de guerre froide. La principale activité était alors la chasse aux espions, généralement des militaires déguisés en civils envoyés dans les pays ennemis pour « retourner » (les convaincre de trahir) des personnes travaillant pour la défense nationale desdits pays afin de recueillir à tout prix des informations confidentielles sur certains équipements militaires ou des systèmes de défense. (Il était alors assez peu question d'espionnage industriel ou commercial : c'est Pierre Marion, le nouveau patron de la DGSE, nommé sous l'impulsion de François de Grossouvre, qui développera peu à peu le renseignement dit « économique ».)

Le plus souvent, les services de renseignements français ne voyaient pas grand intérêt à diriger leurs recherches vers des groupuscules d'illuminés chargés de déstabiliser le pays à coups de bombes ou de prises d'otages pour des motivations plus ou moins obscures. Il faut bien dire que le discours politique de ces groupes – à part celui des Palestiniens – était toujours fumeux... Il n'empêche que si aux yeux des services de renseignements, les actions terroristes étaient anecdotiques et sans danger réel pour la Nation, aux miens, elles représentaient le meilleur moyen de fragiliser les démocraties.

Du côté des poseurs de bombe, la situation ne semblait guère plus claire, mais se révélait largement plus foisonnante. C'était la grande époque du terrorisme, dont Paris était une des plaques tournantes. Les Brigades rouges ensanglantaient l'Italie, mais certains de leurs membres coulaient des jours heureux dans une péniche amarrée sur un quai de la Seine. Les militants d'Action directe redoublaient d'efforts pour ressembler aux « groupes frères », particulièrement admiratifs des Allemands de la bande à Baader, qui assassinaient un peu partout ; le FLNC faisait sauter la Corse morceau par morceau ; l'ETA et Iparretarrak secouaient le Pays basque mais tenaient réunion dans l'appartement d'une riche sympathisante parisienne ; l'IRA mettait l'Irlande et l'Angleterre à feu et à sang, tandis que le FPLP revendiquait la libération de la Palestine à grands coups d'armes d'assaut et de détournements d'avions. Et si le combat de chacun était très spécifique, ces groupuscules faisaient tous partie d'une gigantesque et secrète chaîne d'entraide internationale, où l'on échangeait caisses d'armes contre faux papiers ; les services d'un ami accueillant contre un convoyage délicat ; de l'argent volé ou blanchi contre de l'explosif...

Je me suis donc aussi attaché à créer au plus vite de véritables relations directes avec le MI5 [1] en Angleterre, le BKA [2] en Allemagne, les carabiniers italiens du général Dalla Chiesa (assassiné quelques années plus tard...) et la Guardia Civil espagnole : une guerre internationale nécessite des alliés internationaux...

Je l'ai dit, contrairement à ses voisins, la France ne disposait d'aucun système organisé pour lutter contre ces dangers. Pire, notre code pénal ne mentionnait pas (et ne mentionne toujours pas, d'ail-

1. Le MI5 est le nom des services secrets anglais.
2. Le BKA était celui des services secrets d'Allemagne de l'Ouest.

leurs) le terrorisme comme un crime en tant que tel. Chaque terroriste arrêté est jugé pour trafic d'armes, port d'arme prohibé, destruction d'immeuble, etc., sans que jamais la vraie raison de son arrestation ne soit juridiquement qualifiée ! Michael Plunckett, impliqué dans la trop célèbre affaire des Irlandais de Vincennes (dont j'aurai, hélas, l'occasion de reparler dans le prochain chapitre) et connu pour son passé d'activiste, a même attaqué en diffamation des journaux qui l'ont qualifié de « terroriste »... Et il a gagné !

J'ai passé la fin de cet été 1982 à choisir – et à essayer de joindre, en pleine période de vacances – les membres de l'équipe multiservices qui constitueraient le cœur du dispositif que j'avais à mettre en place. Neuf ans au GIGN m'avaient donné l'occasion de rencontrer un certain nombre de policiers et de militaires chargés du renseignement, avec lesquels j'avais envie de travailler... Je tenais absolument à ce que tous les corps de police soient représentés : un commissaire des RG, un de la DST, un de l'OCRB (Office central de répression du banditisme). Un militaire de la DGSE, mon adjoint le colonel Esquivier et moi-même complétions le groupe. Il s'est formé peu à peu, avec méfiance et circonspection : chacun appartenait à un service qui, depuis des années, veillait jalousement à ne rien laisser filtrer de ce qu'il savait. Moi, je leur demandais de se retrouver autour d'une table pour mettre en commun toutes les informations susceptibles de concerner le terrorisme, et de travailler ensemble pour obtenir un résultat collectif. C'était une révolution culturelle !

Les gens de cette équipe étaient tous convaincus du bien-fondé de notre mission, mais gardaient une grande défiance vis-à-vis des autres services, avec lesquels ils étaient traditionnellement en conflit permanent. Je ne m'en suis pas ému : j'étais sûr que mon idée était bonne et que le temps me donnerait raison. Mais je savais aussi, d'expérience, que rien ne sert d'avoir une bonne idée... si on n'a pas un bon bâton. Pour une fois, j'en avais un d'exception : le Président de la République en personne ! À défaut de convaincre les responsables des services avec lesquels je devais travailler, je pourrais toujours agiter mon bâton : le simple fait d'imaginer que je pouvais mentionner leur nom – en bien ou en mal – lorsque j'exposais l'avancement de notre travail à François Mitterrand rendrait mes interlocuteurs nettement plus... coopératifs. Du moins le pensais-je.

Centraliser tous les renseignements existant sur le terrorisme et encourager la recherche par tous les moyens possibles était nécessaire, mais insuffisant pour mener la guerre comme je souhaitais la mener. Il nous fallait un « bras armé », rompu aux interventions les plus pointues et capable de faire de la recherche opérationnelle sur le terrain. Ainsi est née l'idée du GAM (Groupe d'action mixte), composé de cinq gendarmes du GIGN et de cinq policiers. Paul Barril, mon successeur à la tête du GIGN, hébergerait cette petite unité.

Il me restait à fourbir une dernière arme, essentielle, pour mener le combat : l'appui des magistrats. J'avais conscience que c'était une question importante mais, sans doute porté par mon enthousiasme, je n'avais pas mesuré à quel point elle était cruciale. Je l'ai tout de même défendue de mon mieux, mais parfois, même une bonne idée et un gros gourdin ne suffisent pas... Malgré mon insistance, la justice n'a jamais voulu rejoindre notre cellule antiterroriste. Robert Badinter, garde des Sceaux, refusait même de me recevoir ! Il a fallu l'intervention du chef de l'État pour que j'obtienne, à deux reprises, un entretien avec lui. En vain : il considérait que les problèmes de terrorisme n'étaient pas du ressort de la justice – c'était une idée assez répandue, à l'époque. Il n'a jamais voulu détacher comme je le demandais le juge d'instruction avec qui je souhaitais travailler – un ancien officier de gendarmerie reconverti, qui m'avait pourtant donné son accord.

Il faudra attendre la première cohabitation pour que, sous l'impulsion de Charles Pasqua, soient désignés des juges et une chambre criminelle antiterrorisme. Mesure urgente s'il en fut car à l'époque, la gauche ayant décidé de dissoudre la Cour de sûreté de l'État, les terroristes étaient jugés par la justice pénale, comme n'importe quels escrocs ou criminels de droit commun. Sauf qu'on ne trouvait plus de jurés suffisamment courageux, quand ils acceptaient de siéger, pour condamner lourdement ces gens qui leur faisaient peur...

En tout cas pour ma part, je n'ai pas pu bénéficier de l'appui de la justice, ce qui a profondément nui à mon travail. À quoi servait de pister les terroristes si l'on ne pouvait ni les arrêter ni les condamner ? Il fallait donc attendre que sautent les bombes pour essayer de prendre ces assassins en flagrant délit, et que la justice daigne enfin se pencher sur leur cas ? Je me souviens d'un déjeuner, organisé par François de Grossouvre un an après qu'on m'eut confié la lutte antiterroriste. Parmi les convives se trouvait Pierre Arpaillange, brillant procureur général (qui sera nommé garde des Sceaux en 1988). Naturellement, nous parlions de ma mission, et du rôle que pourrait y jouer la justice. Pierre Arpaillange a clos le débat d'une phrase sans appel :

– En matière de terrorisme, c'est au gouvernement de prendre ses responsabilités.

Ma réaction – indignée – a été à la hauteur de ma déception :

– Vous rendez-vous compte de ce que cela signifie ? Si la justice ne veut pas juger les terroristes, qu'en fait-on ? On les descend, comme en temps de guerre ? Et qui prend la responsabilité de ces exécutions sommaires ? Le gouvernement ? C'est-à-dire en fait le pauvre type, policier ou militaire, dont c'est le boulot de traquer les terroristes et que la justice s'empressera, s'il est pris, de mettre au trou et de condamner ?

Autour de la table, ce jour-là, personne ne m'a répondu, ni n'a réagi à la dérobade d'Arpaillange. Le silence de tous hurlait qu'effectivement, la lutte contre les terroristes était une sorte de guerre et ne concernait que ceux qui étaient chargés de la faire.

Pour moi, cela semblait inacceptable, je me suis senti bien seul... Depuis un an, je me démenais pour avoir le soutien des magistrats sans y parvenir. Nous avons payé très cher le refus de Robert Badinter...

***

Début novembre, tout était prêt pour entrer dans le vif du sujet (sans la justice...). Tout sauf un élément capital et indispensable : le moral des troupes ! Ou plutôt leur état d'esprit. J'ai bien vite pris la mesure de ma naïveté : j'avais cru pouvoir changer les choses à la seule force de mon enthousiasme inébranlable. Je savais que je demandais beaucoup à ces services, habitués depuis toujours à protéger leurs « gros coups » des ambitions du service d'à côté. Mais je pensais que se battre contre le terrorisme international était une grande cause, qui ébranlerait toutes ces résistances... Je me suis planté, lamentablement ! Je suis sûr que ça aurait pu marcher, mais pour changer les cultures, il faut du temps...

Le cabinet du Premier ministre transmettait à l'Élysée la liste des écoutes téléphoniques effectuées par tous les services dans le cadre de la lutte antiterroriste. Rien qu'en consultant cette liste, il était facile de savoir qui travaillait sur quoi... et de constater que, lors de nos réunions, la plupart des gens mentaient par omission ! Ils ne partageaient leurs informations que contraints et forcés, lorsqu'ils étaient sûrs de ne pas pouvoir nous les cacher.

Le GAM n'allait pas fort non plus : l'efficacité des gars était incontestable, mais le côté « fantasque » (pour ne pas dire autre chose) de Paul Barril commençait à jeter un sérieux discrédit sur son action (et sur celle du GIGN également). Au point qu'il a fallu abandonner : créée en septembre 1982, l'unité a été dissoute un an plus tard, quand les retentissants « ratés » de Barril sont devenus trop encombrants...

Privé du soutien de la justice et de son bras armé, le dispositif que j'avais imaginé perdait beaucoup de sa puissance. Pourtant nous avons quand même réussi quelques jolis coups ! Beaucoup d'entre eux sont, encore aujourd'hui, trop sensibles pour être racontés. Mais l'affaire des travellers chèques est assez représentative, je pense, de la toile d'araignée dans laquelle nous devions évoluer.

Les RGPP[1], qui croyaient en notre action et nous apportaient beaucoup de renseignements, nous avaient mis sur la piste d'un responsable de l'ETA (le mouvement indépendantiste basque) en France. Il menait grand train, roulait dans une voiture de luxe achetée cash, et brassait visiblement des sommes d'argent importantes. La PJ était sur le coup : elle pensait que l'argent venait de travellers chèques volés à des touristes étrangers sur le territoire français. De leur côté, au bout d'une longue investigation, les RGPP avaient obtenu les noms d'un réseau d'une quarantaine de « sympathisants » de l'ETA chargés de transformer ces travellers en argent liquide. Nous avons rapidement constaté qu'ils pou-

1. Renseignements généraux de la police parisienne.

vaient obtenir jusqu'à... trois millions de francs par semaine ! C'était un trafic énorme !

Pourtant, trois millions de francs uniquement en volant des travellers, cela semblait irréaliste. Il aurait fallu trouver chaque semaine trois cents touristes à qui soustraire dix mille francs ! Quarante personnes n'y auraient pas suffi... Les RGPP nous ont alors signalé qu'un artiste graveur italien, ancien prix de Rome, semblait travailler pour l'ETA. Nos collègues le soupçonnaient de graver des plaques de faux billets ; nous avons immédiatement pensé qu'il s'agissait plutôt de plaques de faux travellers. Et nous avions raison : il les produisait par série, dûment numérotés. Je ne sais toujours pas comment les militants de l'ETA avaient découvert LA faille du système informatique réputé inviolable des établissements émettant des travellers. Ils savaient en tout cas que l'ordinateur central refuserait les chèques portant un faux numéro, mais accepterait de payer un nombre illimité de chèques portant le même numéro, à condition qu'il soit authentique !

L'ETA reproduisait donc des séries de faux travellers chèques portant tous le même vrai numéro, et les échangeait sans problème contre de l'argent liquide. L'explication était tellement surréaliste que personne n'a voulu nous croire. Nous avons été obligés de faire appel à un expert de l'American Express Bank, spécialement venu des États-Unis, pour qu'il confirme notre hypothèse ! Il l'a confirmée, mais n'a pas été capable, ni personne d'autre d'ailleurs, d'évaluer précisément le montant (très important) des sommes ainsi détournées par l'ETA.

Et l'histoire ne s'arrête pas là ! Les quarante sympathisants chargés de courir de guichet en guichet pour transformer les chèques en monnaie devaient montrer, comme la règle l'exige, des papiers d'identité. Le plus souvent, ça ne posait aucun problème, mais ils tombaient quelquefois sur un guichetier zélé qui prenait le temps de faire une recherche plus poussée sur un listing pour vérifier que le chèque n'était pas volé. À deux ou trois reprises, les collecteurs, inquiets, se sont envolés en laissant leurs papiers ! C'étaient, bien sûr, de vrais-faux papiers... Ils provenaient de l'énorme cambriolage de Condé-sur-Escaut, au cours duquel Action directe avait mis la main sur un stock de vraies cartes d'identité vierges. Ainsi, nous avons pu démontrer la connivence entre Action directe et l'ETA, dont les causes n'avaient pourtant objectivement rien à voir...

Pénétrer ce monde tortueux, où de nombreux intérêts – individuels, idéologiques, politiques, financiers – s'emmêlent inextricablement est à la fois passionnant et épuisant. C'est une guerre où l'on ne se bat pas un camp contre un autre, mais le plus souvent à peu près seul contre une multitude de groupes changeants... Si par malheur la presse s'en mêle – et, la plupart du temps, elle s'en mêle, utilisée à son insu par l'un ou l'autre des belligérants – le combat peut devenir dantesque ! Je sais de quoi je parle : à ce combat-là, je suis resté sur le carreau. Il m'a fallu plusieurs années pour retracer l'histoire de ma défaite ; je sais aujourd'hui qu'elle a commencé ce 18 août 1982, à 20 heures, par une allocution télévisée du Président de la République...

– 8 –

L'affaire des Irlandais

Quelques jours après l'attentat de la rue des Rosiers, la presse publie des portraits-robots de suspects. En lisant *France-Soir*, un certain Bernard Jegat pense reconnaître un des hommes. Et pour cause ! Trois jours plus tôt, il lui a fourni un sac, dans lequel il avait glissé quatre pistolets d'assaut qu'il stockait chez lui pour « rendre service » à des « amis » irlandais. Horrifié, Jegat fait le lien avec le carnage de la rue des Rosiers, sans comprendre pourquoi des activistes irlandais seraient allés massacrer des civils français dans un quartier juif. Sa compagne est juive : il est effondré à l'idée d'avoir participé, de près ou de loin, à un attentat antisémite...

Conscient de détenir des informations capitales pour l'enquête, et désireux de se dédouaner de cette affaire, Jegat parvient à obtenir un rendez-vous avec Régis Debray, conseiller spécial à l'Élysée. Mais l'entretien ne sert à rien : Régis Debray l'écoute d'une oreille distraite et le prend pour un illuminé. Jegat ne baisse pas les bras pour autant. Une de ses amies est journaliste dans un grand magazine d'actualité : il l'appelle au secours. À qui parler de ce qu'il sait sur cet attentat ? Quelques mois plus tôt, cette femme m'avait contacté, dans l'intention d'écrire un long article sur le GIGN. J'avais chargé Paul Barril de la recevoir et de lui répondre. C'est donc naturellement à lui qu'elle envoie Bernard Jegat, en cet été 1982.

Ainsi commence l'affaire des Irlandais de Vincennes, triste saga composée de mensonges en série, coups fourrés et manipulations en tous genres ; une caricature sordide de ces « machines à broyer » qui jalonnent les couloirs du pouvoir et vous happent sans même que vous vous en aperceviez...

***

Quelques jours après l'allocution de François Mitterrand, Paul Barril m'appelle chez moi.

– Christian ! Dis-donc, je viens d'avoir un gros tuyau à propos de la rue des Rosiers, c'est vraiment important...

Je connaissais bien Paul, pour avoir passé cinq ans à ses côtés, au GIGN, où il était mon bras droit. Il avait tendance à s'emballer très vite et à prendre ses rêves pour des réalités : c'était le roi des tuyaux tordus ! Je l'écoutai donc avec circonspection...

– Tu l'as eue comment, ton info ?

– Tu te souviens qu'on a entraîné le chef du commando antiterroriste de l'Eire[1] ?

1. En Irlande, on appelle l'Eire l'Irlande du Sud.

– Bien sûr que je m'en souviens... Mais quel rapport avec la rue des Rosiers ?

– On est restés copains, tous les deux. Ça fait des mois qu'on travaille ensemble sur des connexions entre les terroristes irlandais et le Front populaire de libération de la Palestine.

– J'en ai déjà entendu parler...

– C'est comme ça que je suis tombé sur cet informateur, un certain « Franck » : il sait qui a servi de base arrière pour l'attentat de la rue des Rosiers...

– Là, j'ai du mal à te croire... Pourquoi t'a-t-il craché le morceau à toi ? Et comment peux-tu être sûr qu'il ne te raconte pas n'importe quoi ?

– J'en ai discuté avec mon copain irlandais. Lui aussi est certain que c'est un bon tuyau. On suit la trace de ces mecs-là depuis des jours et des jours, je te dis. Tu peux me croire, je te promets ! Le Franck en question est français, il a fait des reconnaissances de site et stocké des armes comme celles qui ont servi à l'attentat. Il y a des chances pour qu'il me donne la planque des Irlandais à Paris. Si on les attrape, on remonte jusqu'à ceux qui ont fait le coup rue des Rosiers, c'est sûr.

À la suite d'arrestations en Grèce, nous avions entendu parler de vagues connexions entre les Irlandais et les Palestiniens, mais nous ignorions encore que, plus précisément, les Irlandais avaient pris l'habitude de fournir un soutien logistique et des porteurs de valises aux Palestiniens en échange d'armes lourdes : cette information capitale m'aurait sans doute poussé à croire Paul sur parole. Il était un de mes amis (du moins le pensais-je), mais je le savais un peu fantasque et fabulateur. On lui reprochait déjà, à l'époque, d'avoir participé à un sombre trafic d'armes, ce qui lui avait valu une inculpation ; il avait réussi à me persuader – et j'en suis toujours persuadé – qu'il n'était pour rien dans cette histoire. J'avais pris sa défense face à la justice. Je lui avais donc conservé ma confiance, et mon amitié. Et j'étais à mille lieues d'imaginer qu'il me mentait sur l'origine de ses informations ! Si son « tuyau » était sérieux et vérifié, c'était une affaire qui redorerait son blason et ferait oublier son inculpation, qu'il vivait très mal... Mais l'information paraissait tellement inespérée qu'elle me laissait tout de même dubitatif.

Paul sentait ma réticence. Pour me convaincre de la véracité de ses dires, il a fini par appeler « Franck » – j'apprendrai bien plus tard qu'il se nomme en fait Bernard Jegat – sur une autre ligne, en branchant le haut-parleur du téléphone afin que je puisse écouter leur conversation. L'homme donnait des détails troublants sur le calibre des armes utilisées, et décrivait parfaitement un « activiste » irlandais recherché dans toute l'Europe, qui s'était notamment vanté à un journaliste de *Paris Match* – preuves à l'appui – d'avoir assassiné quelque temps plus tôt un conseiller de Margaret Thatcher. J'avais lu cet article, qui détaillait la fabrication de la bombe ayant servi à l'attentat avec une précision impressionnante... J'étais troublé par l'accent de sincérité de l'interlocuteur de Paul, et par les descriptions qu'il faisait :

certains détails ne s'inventent pas... À la fin de leur conversation, j'étais presque convaincu.

– Alors, Christian ? Qu'est-ce que tu en penses ?

– Effectivement, ça m'a l'air d'être une bonne affaire...

– Tu rigoles ! C'est un très gros coup !

– Ne t'emballe pas, Paul. On n'y est pas encore...

– On parie ce que tu veux ! Je te rappelle dès que j'ai du nouveau.

J'étais à peine de retour de Vendée, où j'avais réussi à prendre quelques jours pour souffler, que Paul me carillonnait au téléphone.

– Je savais bien que j'avais raison ! On a logé leur planque, c'est à Vincennes. Si ça tourne comme je veux, on va pouvoir intervenir bientôt. Tu te rends compte, une planque avec un stock d'armes et des mecs recherchés par toutes les polices ?

– Mais le GIGN ne peut rien faire sans l'appui d'un OPJ [1]... Le premier truc à faire, c'est d'appeler la direction !

– Tu rigoles ! Tu sais bien qu'ils ne voudront jamais bouger... Ils préféreront prévenir la police, puisque c'est elle qui est chargée de l'enquête sur l'attentat de la rue des Rosiers. Et l'affaire nous passera sous le

1. Un officier de police judiciaire (couramment appelé OPJ) est un officier spécialisé dans le déroulement et la rédaction des procédures. Sa présence est indispensable pour valider toute procédure. La gendarmerie et la police disposent chacune de leurs propres OPJ.

nez... C'est un peu pour ça que je t'appelle. Tu ne vois pas qui pourrait me donner un coup de main ?

– Attends, je réfléchis... Tu te souviens du commandant Beau ? Il nous avait proposé ses services quand tu as eu des ennuis dans l'affaire du trafic d'armes. Il a une réputation de bon procédurier, il paraît que c'est un des meilleurs OPJ de la gendarmerie. Je crois qu'il a même écrit un bouquin sur la question. Justement, il m'a invité à déjeuner il y a quelques jours. Il voulait me féliciter de ma nomination et m'annoncer la sienne à la tête de la section de recherche de Paris-Minimes. Il dit que c'est une grosse section, prête à s'impliquer. Il aimerait bien que les gendarmes aient un rôle actif dans la lutte antiterroriste...

– Super ! Je l'appelle de ta part.

– OK. Tiens-moi au courant.

– T'en fais pas Christian. Salut !

Le 28 août Barril me rappelle, surexcité.

– Ça y est, Christian, on les tient ! Ça fait plusieurs jours qu'on planque et là, on a vu arriver deux hommes avec des valises lourdes. C'est certain, ils sont en train de préparer quelque chose... Il faut qu'on les arrête avant que ça pète. Mais j'ai besoin d'être couvert, il me faut un ordre. Tu ne peux pas prévenir Mitterrand ?

– T'énerve pas, mon vieux ! On ne dérange pas le Président pour n'importe quoi. Tu es sûr de ton coup ?

– Et comment ! J'ai vu Beau, on a tout réuni pour

l'opération. On peut intervenir aujourd'hui, il ne nous manque qu'un feu vert.

– Écoute, je vais en parler à Charles Hernu. Après tout c'est votre ministre de tutelle.

– Fais comme tu veux, mais dépêche-toi. C'est une grosse affaire, je t'assure !

Je savais d'expérience qu'un coup de filet, même magistral comme Barril semblait l'annoncer, n'avait aucune utilité s'il ne se déroulait pas dans le cadre d'une procédure parfaitement irréprochable. Il fallait agir dans l'urgence, mais sans précipitation ! Charles Hernu en était bien conscient : il a longuement insisté sur ce point avant de donner son accord de principe pour l'intervention.

– Paul, c'est Christian. Alors voilà, j'ai eu le ministre. Dis à Beau qu'il voie avec sa hiérarchie, mais Hernu est informé, il est d'accord.

– Génial ! Je t'appelle dès qu'on a fini !

D'après les informations que Paul m'avait données, ils risquaient de tomber sur des individus déterminés et armés jusqu'aux dents. J'essayais de ne pas trop montrer mon inquiétude.

– Faites attention à vous...

J'ai appris le soir même par Beau que tout s'était bien passé. Michael Plunckett, Mary Reid et Stephen King, Irlandais bien connus pour leur « radicalisme », étaient sous les verrous après une arrestation sans histoire. Mais la perquisition s'était révélée décevante : en fait de stock d'armes, les gendarmes n'avaient trouvé que trois pistolets et un peu de plastic, plus quelques documents et de fausses pièces d'identité. Beau m'a expliqué que Paul n'avait pas attendu la fin de la perquisition pour filer. Quelques éléments recueillis là-bas lui avaient fait espérer une autre arrestation, plus éclatante : il était parti « planquer » ailleurs. J'imaginais qu'il devait enrager du résultat plutôt médiocre de son « gros coup ».

Hélas, il n'était pas le seul à enrager : les policiers ne décoléraient pas à l'idée de n'avoir pas été tenus au courant de l'opération. Paris est leur territoire exclusif, et si Vincennes n'est pas Paris (à quelques centaines de mètres près !), la police considère que cela reste son domaine réservé : à leurs yeux les gendarmes n'avaient pas à intervenir, fussent-ils du GIGN.

L'affaire s'est envenimée immédiatement, et une fois de plus on m'a demandé de rentrer à Paris, pour une réunion de crise au ministère de l'Intérieur. J'y ai retrouvé Paul, mais aussi Joseph Franceschi et Charles Barbeau, directeur de la gendarmerie. L'ambiance était tendue. Le secrétaire d'État a demandé des explications sur l'opération dont on ne l'avait pas informé, mais qui avait fait – sur la demande de Charles Hernu – l'objet d'un communiqué officiel de l'Élysée, annonçant *« des arrestations jugées importantes dans les milieux du terrorisme international »*. Habituellement, la présidence se gardait de faire ce genre de déclarations. La presse, sur les dents depuis l'attentat, s'en était emparée avec empressement, harcelant le ministère et ajoutant à l'exaspération des policiers.

Joseph Franceschi était inquiet :

– La police est folle de rage. J'ai reçu ce matin des menaces de grève... Je pense que ce n'est vraiment pas le moment d'attiser le conflit qui vous oppose depuis si longtemps...

– Je suis d'accord avec vous, monsieur le ministre (il est d'usage d'appeler ainsi les secrétaires d'État). Nous sommes là pour faire la guerre au terrorisme, pas la guerre des polices...

– Mon commandant, dans un souci d'apaisement, accepteriez-vous que la gendarmerie soit dessaisie de ce dossier au profit de la police ?

Interloqué par cette proposition – une telle décision relevait, me semblait-il, du procureur de la République – je ne savais pas bien quoi répondre...

– Je ne suis pas certain que ça suffira à les calmer, mais si vous pensez que c'est une solution... Il me semble malgré tout anormal que les gendarmes, qui sont à l'origine de l'information, soient tenus à l'écart de l'enquête. Et puis je ne sais pas du tout où en est le dossier. Paul, la procédure est-elle bouclée ?

– Je ne sais pas, moi. C'est Beau qui s'occupe de ça.

– Très bien, je vais le prévenir de la procédure de dessaisissement.

Manifestement pressé d'en finir, Franceschi a tranché :

– Les gendarmes resteront associés à l'enquête, mais remettront dès demain le dossier à la police.

Je suis sorti de la réunion mal à l'aise : j'avais le sentiment que mon manque d'expérience dans ce genre de négociations m'avait rendu vulnérable... Mais je venais d'être chargé de la coordination de la lutte antiterroriste... Si j'avais refusé avec vigueur que les gendarmes soient dessaisis, j'aurais donné l'impression de défendre ma corporation, et de fait compromis tout espoir d'une coopération avec la police. Et alors, plus question d'une cellule interservices ! Seulement la décision de Franceschi n'était pas forcément la bonne. Dans le couloir, Barbeau, qui n'avait pas dit un mot durant toute la réunion, m'a murmuré :

– Vous vous êtes fait rouler...

Je n'ai pas réagi, agacé par son attitude : s'il avait quelque chose à dire, pourquoi avoir attendu d'être dans le couloir ? Et si je n'étais même pas soutenu par le directeur de la gendarmerie, alors qui était avec moi ? Une fois encore, je me suis senti bien seul...

En fait, il était déjà trop tard... Mes récentes nominations et l'agitation tapageuse de Paul avaient exaspéré les flics. L'opération de Vincennes était pour eux la goutte qui faisait déborder le vase, et l'occasion de régler leurs comptes. Ils ne se doutaient pas, à ce moment précis, que le dossier tout chaud qu'on leur confiait allait exaucer leurs vœux au-delà de leurs espérances !

Dans un premier temps, ils se sont contentés de minimiser du mieux qu'ils ont pu l'importance de l'opération de Vincennes. Le dossier de procédure que leur a transmis la gendarmerie faisait plus de soixante feuillets ; la police l'a réduit à un petit rapport de quatre pages, sans en vérifier aucun élément, ni mener une quelconque investigation complémentaire. Elle a négligé, en particulier, les pistes qui conduisaient à l'attentat de la rue des Rosiers, en « oubliant » de mentionner une pièce capitale : une note de renseignements lancée par la DST à la demande de son homologue britannique auprès de tous les services. Cette note signalait Plunckett comme « dangereux »...

D'autre part, un ou deux bavards bien intentionnés se sont chargés d'informer la presse que cette opération était un vulgaire coup d'épée dans l'eau, montée de toutes pièces par des gendarmes en mal de reconnaissance et désireux de justifier ma nomination. Les journalistes ne sont pas allés chercher plus loin : l'occasion était trop belle d'écrire quelques papiers virulents dénonçant la nullité de la gendarmerie...

Cela dit, si l'on met de côté l'injustice qu'elle représente pour les victimes et leurs familles (les auteurs de l'attentat de la rue des Rosiers n'ont jamais été retrouvés, ni jugés), cette histoire aurait pu n'être qu'un épisode supplémentaire de la guéguerre ridicule et stérile que se livrent les services, au détriment de leur efficacité. Plus personne n'en parlerait aujourd'hui. Mais malheureusement, l'histoire ne s'est pas arrêtée là...

*
* *

« L'histoire » en effet, va rebondir quelques mois plus tard, pour devenir « l'affaire » que l'on sait. Si stupide que cela puisse paraître, il ne sera plus jamais question du bien-fondé des arrestations ni du fond de l'enquête, mais uniquement de sa forme et de l'exactitude de la procédure. Au hasard d'une conversation avec son client, l'avocat de Michael Plunckett découvre un jour une faille dans le dossier : aucun des trois Irlandais ne serait resté jusqu'à la fin de la perquisition de l'appartement de Vincennes. Vis-à-vis de la loi, cette absence de témoin annulerait la validité de l'opération, à juste titre d'ailleurs : qui, dans ce cas, peut garantir que les forces de l'ordre n'ont pas « chargé » l'opération en apportant eux-mêmes les pièces à conviction ? (Cette accusation pèsera d'ailleurs quelques mois plus tard sur Paul Barril, que l'on soupçonnera sans jamais pouvoir le prouver d'avoir apporté lui-même l'une des armes saisies lors de la perquisition.)

Le procès-verbal de Beau indique en toutes lettres *« quittons les lieux à 21 heures »*, or Plunckett prétend que King, le dernier des trois prévenus, a été emmené et emprisonné dans la caserne de gendarmerie de Vincennes vers 19 h 30. Immédiatement informée de ce nouvel élément du dossier par l'avocat de Plunckett, la presse crie au scandale, à grand renfort d'affirmations non vérifiées. Durant toute cette affaire, elle n'aura qu'une seule et unique source d'informations : notre chère et dévouée police...

Moi, je n'imaginais pas un seul instant qu'un homme chevronné comme Beau puisse avoir fait une erreur de procédure aussi grossière ! Et si par malheur c'était le cas, vu la tournure que prenaient les événements, j'étais certain qu'il m'en aurait informé ! C'était clair : Plunckett mentait, ou tout simplement se trompait dans les heures. J'étais donc agacé par ce déchaînement médiatique, mais tranquille quant à la situation.

Ma tranquillité fut de courte durée. Quelques semaines plus tard, *Le Canard Enchaîné*, dont c'est la spécialité, lançait un pavé dans la mare : un gendarme, présent le jour de la perquisition de Vincennes, affirmait comme Plunckett et King que le dernier prévenu avait été emmené vers 19 h 30 ! Le soir même, Beau m'appelait chez moi...

– Prouteau, je crois qu'il est préférable de faire annuler la procédure...

J'étais interloqué et perplexe : j'ignorais même si une telle annulation était possible.

– Mais pourquoi ? Écoute, dis-le-moi une bonne fois pour toutes : il y a un problème avec ta procédure ?

– Non, non, je t'assure. Elle est en béton. Mais tu as vu ce que raconte la presse ? Personne n'ira chercher plus loin, on va tout faire pour nous emmerder. Il vaut mieux annuler.

– Du calme ! Je n'y comprends rien à cette histoire. Explique-moi. Qui est ce gendarme dont parle *Le Canard Enchaîné* ?

– C'est un salopard, un escroc. Il dépend de la compagnie de Vincennes. Je l'ai coincé – avec une bonne partie de la brigade – dans une affaire de ripoux. Tous des fumiers, la honte de la gendarmerie, mais ce serait trop long à t'expliquer. Je les ai fait mettre aux arrêts, mais je refuse d'en rester là. Tu comprends, c'est trop facile, une sanction disciplinaire et on n'en parle plus... Je veux qu'ils soient jugés au pénal. Alors forcément, le gendarme en question a la trouille de se retrouver en taule. Donc il veut me faire plonger... C'est du chantage pur et simple.

– Écoute, c'est toi le spécialiste de la procédure. Si tu me garantis que tout est en ordre pour Vincennes, je ne vois pas ce que tu crains. Quant à ce gendarme, s'il ment, tu n'auras pas de mal à le prouver...

– Prouteau, je te donne ma parole qu'il ment, cette ordure. Mais tu vois le bordel que ça fait ? Je t'assure, on ferait mieux de faire tout annuler. Tu te rends compte que si ça tourne mal, ma carrière est foutue ?

Je n'en croyais pas mes oreilles : il était en train de sangloter, à l'autre bout du fil... Je sais que la pression des médias peut être dure à supporter, mais je n'arrivais pas à comprendre ce qui le mettait dans cet état...

Quelques jours plus tard, un ami commun, lui aussi officier de gendarmerie, m'appelait à son tour...

– Salut Christian... Je te téléphone parce que je suis inquiet pour Beau. Il ne va pas bien du tout...

– Oui, je sais, je l'ai eu en ligne avant-hier. Je n'ai rien compris. Il était complètement excité, et plutôt mal en point. Il voulait que je fasse annuler la procédure !

– Mais tu es au courant de tout ?

– Au courant de quoi ? Tu sais quelque chose ?

– C'est cette histoire de ripoux qui le met dans tous ses états... Le gendarme en question assistait à la perquisition de Vincennes. Beau ne devrait pas prendre le risque de le poursuivre au pénal... Franchement, à sa place, je laisserais tomber.

– Il y a un problème avec la procédure de Vincennes ? Et pourquoi ce gendarme ne devrait-il pas être poursuivi, si c'est un voyou ?

– Non, non, c'est rien. Écoute, Beau t'en parlera s'il le veut. Moi je n'ai rien à ajouter...

Je sentais qu'on me cachait un détail important, sans pouvoir trouver lequel. Si ce gendarme savait quelque chose pouvant mettre en cause la validité de la procédure, Beau n'aurait pas pris le risque de le mettre en prison ! Seulement ces quelques jours m'avaient fait découvrir une facette du commandant Beau que je ne connaissais pas : il semblait caractériel et très orgueilleux. Aurait-il eu le courage de m'avouer qu'il avait commis une erreur, si petite soit-elle ? Je voulais en avoir le cœur net : je suis allé voir Paul, cloué sur un lit d'hôpital après une chute en Deltaplane. Sa réponse fut un chef-d'œuvre d'esquive :

– Je ne sais pas, moi, si sa procédure est bonne... Je ne suis pas officier de police judiciaire ! En plus, tu sais bien que je suis parti avant la fin de la perquisition.

J'aurais apprécié de sa part un peu plus de soutien, mais dans le fond, Paul n'avait pas tort : ce n'était pas son problème.

Cette affaire commençait à sérieusement m'exaspérer, et je n'étais pas le seul dans ce cas. En plein week-end de la Pentecôte, Charles Hernu m'a appelé de Solutré :

– Mon commandant, j'en ai assez de cette histoire... Il faut conforter le travail des gendarmes. Je vais ordonner une enquête de commandement, pour que les choses soient claires.

– Je pense que vous avez raison, monsieur le ministre. Il est grand temps que la vérité soit rétablie...

– Bon. Mais vous êtes sûr d'eux, n'est-ce pas ? L'enquête ne va rien dévoiler que nous ne sachions déjà ? On ne va rien trouver, n'est-ce pas ?

Prudent, le ministre ! Tout à mes certitudes, je lui ai répondu avec conviction :

– J'en suis sûr, monsieur le ministre. Beau m'affirme que tout s'est passé régulièrement, je ne vois pas pourquoi il mentirait...

Charles Hernu a immédiatement désigné un général enquêteur, auquel il a fallu une quinzaine de jours pour entendre tous les gendarmes impliqués dans le dossier. Comme les autres, j'ai été convoqué dans son bureau pour dire ce que je savais. Le jour de notre entrevue, j'allais monter chez le général lorsque parmi les gendarmes de la brigade de Vincennes qui attendaient leur tour en bas de l'escalier, un gradé, visiblement l'air paniqué, m'a adressé la parole.

– Mon commandant, je vous assure qu'on n'en a pas après le GIGN. Mais on est bien obligés de se défendre contre cet enfoiré de Beau... Il n'avait qu'à mieux faire sa procédure, et ne pas nous traiter comme des escrocs. C'est tant pis pour lui. Nous on dit la vérité.

J'avais du mal à m'y retrouver, et n'osais pas lui

poser de questions, pour ne pas empiéter sur l'enquête en cours...

– Si c'est la vérité, dites-la au général.

– Ça oui, mon commandant. C'est la vérité.

– Alors ne vous en faites pas.

Pour l'équipe des enquêteurs de Beau, la version était toujours la même : Stephen King, le dernier des prévenus, était resté sur les lieux jusqu'à la fin de la perquisition, à 21 heures. Puis il avait été amené à la caserne de Vincennes pour être incarcéré. Cette version était contestée par King, et par les gendarmes de Vincennes que Beau m'avaient présentés comme des « ripoux ». C'était leur parole contre celle des enquêteurs...

La balance continuait de pencher du côté des enquêteurs. Pour qu'il n'y ait aucune contestation possible, avant de clore définitivement le dossier, le général a eu l'idée d'interroger aussi quelques-uns des hommes qui vivent au quartier de Vincennes : ils avaient forcément dû entendre arriver la voiture qui transportait Stephen King, si les sirènes étaient en marche...

Ils avaient entendu, effectivement : pendant leur jeu favori, vers 19 heures, soit deux heures plus tôt que ce qu'affirmaient tous les autres !

Le général a mis une semaine supplémentaire pour délier les langues... Je connaissais bien son directeur de cabinet, qui m'a appelé, effondré, pour m'annoncer la catastrophe :

– Christian, Beau nous a tous roulés dans la farine...

Le ciel m'est tombé sur la tête ! Je n'arrivais pas à croire une chose pareille. Pour être tout à fait sûr de la vérité, j'ai appelé un des gars du GIGN qui avait transporté King de l'appartement à la caserne de Vincennes. Comme il était en stage de plongée à Antibes, il ne pouvait pas être au courant des tout derniers rebondissements de l'affaire.

Visiblement, il faisait tout pour ne pas me répondre :

– Je ne sais pas, mon commandant. Il faut demander à Barril.

– Enfin, vous devez bien vous rappeler ! À quelle heure êtes-vous partis de l'appartement ?

– Barril doit s'en souvenir. Demandez-lui, mon commandant.

J'ai fini par me mettre en colère.

– Écoutez, ça suffit, maintenant. Ce n'est plus la peine de raconter n'importe quoi, vous ne faites qu'aggraver la situation. Alors dites-moi ce que vous savez. Était-il plutôt 21 heures, ou plutôt 19 heures ?

– Il était aux environs de 19 heures, mon commandant.

J'aurais dû penser à l'appeler plus tôt, celui-là. Mais j'étais tellement sûr de Beau que ça ne m'a même pas traversé l'esprit ! Petit à petit, j'ai glané des informations pour parvenir enfin à reconstituer ce qui s'était réellement passé. Les « ripoux » l'étaient bien moins que ce que Beau prétendait : pour les remercier de fermer les yeux sur les permis de travail en cours de régularisation de certains de ses ouvriers, le propriétaire d'un atelier de confection leur vendait à prix coûtant des blousons qu'eux-mêmes revendaient à d'autres gendarmes. Ils n'auraient sans doute jamais dû accepter, et méritaient effectivement une sanction disciplinaire pour ce petit « trafic », mais tout de même pas de se retrouver en prison ! Beau avait voulu faire du zèle, pour je ne sais quelle raison...

Parmi eux, le gendarme présent lors de la perquisition chez les Irlandais avait trouvé injuste d'être sévèrement sanctionné pour une faute plutôt minime. Son amertume à l'égard de l'irascibilité de Beau était d'autant plus grande qu'il savait, lui, que Beau avait fait une erreur en bouclant la procédure des Irlandais de Vincennes.

Car Beau s'était bel et bien trompé. Il avait fait une « boulette », une petite faute de rien du tout, mais lourde de conséquences... Le fameux soir de Vincennes, vers 19 heures, la perquisition était terminée. Il restait à prendre les photos qu'on joint toujours au dossier. Le petit deux-pièces de Plunckett était exigu. Exaspéré de ne pas pouvoir circuler, Beau s'était mis à hurler :

– C'est le bordel, ici. Foutez-moi tout ça au trou !

L'un des enquêteurs lui avait répondu :

– Mais mon commandant, il faut qu'un prévenu reste jusqu'au bout !

– Taisez-vous, vous n'y connaissez rien. C'est une affaire de terrorisme !

Tous ceux qui n'avaient plus d'utilité, y compris le dernier prévenu, ont quitté les lieux pour laisser Beau et quelques hommes finir le travail tranquillement. Au lieu de le notifier sur le procès-verbal, celui-ci s'est contenté d'inscrire *« quittons les lieux à 21 heures »*, faisant automatiquement de cet horaire l'heure officielle de la fin de perquisition. Ça n'avait aucune incidence sur le fond : à 19 heures, la perquisition était effectivement terminée et les preuves rassemblées depuis longtemps. Mais sur la forme, c'était capital...

Quand il s'est rendu compte de son erreur, deux mois plus tard, lors de l'offensive de l'avocat de Plunckett, Beau a réuni tous les gendarmes présents à Vincennes le soir de la perquisition pour leur demander de couvrir la procédure. On appelle ça « bétonner » un dossier. C'est illégal, bien sûr, mais lorsqu'il s'agit d'un problème de forme n'ayant aucune incidence sur le fond mais qui risque de mettre à l'eau le travail de toute une équipe et de rendre caduque une arrestation justifiée, il arrive que les enquêteurs « bétonnent » pour éviter l'annulation... Nul ne l'aurait sans doute jamais su si Beau n'avait pas obligé certains gendarmes à sortir de leur réserve pour défendre leur peau...

***

Je n'étais pour rien dans cette histoire, mais elle m'a pourri la vie. Toute la presse a dit que j'avais monté l'affaire des Irlandais pour me faire mousser ; ou pire, que c'était un coup politique de la gauche pour prouver son efficacité dans la lutte contre le terrorisme. Et Beau n'a pas arrangé les choses. Lorsqu'il a été mis en examen, il a d'abord endossé la responsabilité du « bétonnage » de sa procédure. Mais, blessé dans son orgueil, il a fait une forte dépression. Nous étions tous désolés des ravages que lui causait cette histoire idiote... Bien plus tard, il a repris des forces et changé de tactique : lorsqu'il s'est rendu compte qu'il risquait d'être condamné pour subornation de témoins, il s'est défendu en prétendant qu'il avait agi sur mon ordre ! J'ai donc dû affronter la justice, pour la première fois de ma vie... Le procès (hélas, premier d'une longue série !) a été éprouvant : c'était la parole de Beau contre la mienne. Plusieurs de mes « bons copains » qui auraient pu, juste en racontant la vérité, prouver ma bonne foi m'ont demandé de ne pas les obliger à témoigner.

J'ai été condamné, en première instance, pour complicité de subornation de témoins... Ça ne tenait pas debout ! En aucun cas je ne pouvais être le complice de Beau, puisque j'étais présenté comme son supérieur hiérarchique : soit j'avais donné l'ordre de couvrir les fautes de procédure, et j'étais suborneur principal ; soit je n'étais pour rien dans cette affaire !

J'ai fait appel, et finalement, j'ai été relaxé. Mais le mal était fait : l'affaire des Irlandais me colle aux semelles aujourd'hui encore, et me poursuivra sans doute jusqu'à la fin de mes jours...

*
* *

Dès que j'ai su comment les choses s'étaient passées, je suis allé voir François Mitterrand pour les lui expliquer. Il est difficile de se justifier, et de reconnaître qu'on a été abusé... Il m'a écouté avec attention, posé quelques questions. Je pense qu'il a conclu que nous étions victimes d'un mauvais concours de circonstances, ce qui était le cas. S'il avait pensé que je mentais, sans doute m'aurait-il retiré sa confiance, ce qui mettait inévitablement fin à mes activités...

Nous n'en avons jamais reparlé, sauf une fois, quelques années plus tard. Ce jour-là, j'ai compris que cette affaire allait être utilisée comme un « coup politique ». Quand elle se met en route, la machine à broyer ne s'arrête jamais...

– 9 –

Au royaume des « chantiers »

Le 4 août 1987, le Premier ministre Jacques Chirac est l'invité spécial d'une émission d'Anne Sinclair. À quelques mois des élections présidentielles, chacun fourbit ses armes... Depuis plusieurs semaines, la presse fait grand cas de l'affaire Chalandon : on soupçonne le garde des Sceaux d'être mêlé à une sombre histoire de cavalerie – un système de prêts pyramidal, totalement illégal – montée par les frères Chaumet, fameux bijoutiers de la place Vendôme au bord de la faillite. La journaliste n'allait pas manquer une si bonne occasion de mettre son invité dans l'embarras !

– Monsieur le Premier ministre, trouvez-vous normal que le garde des Sceaux soit impliqué dans un scandale financier ?

– Plutôt que de parler de l'affaire Chaumet, pourquoi ne parlerions-nous pas de l'affaire Prouteau ?

Je n'en croyais ni mes yeux ni mes oreilles. Comment Jacques Chirac pouvait-il avec tant d'aplomb faire une réponse aussi invraisemblable ? Et pourquoi la journaliste ne réagissait-elle pas ? Il n'y avait pas d'affaire Prouteau ! Les derniers contacts que j'avais eus avec la justice remontaient à plus de quatre ans, lorsque j'avais été entendu comme témoin par le juge qui avait mis Beau en examen ! On m'avait bien informé que, depuis quelque temps, Beau courait les rédactions pour clamer à qui voulait bien l'entendre qu'il avait bel et bien agi sur mes ordres. Il était même fort probable que ses allégations soient arrivées jusqu'aux oreilles des conseillers de campagne de Jacques Chirac. Mais de toute façon, quel rapport avec les malversations des frères Chaumet ? La manipulation était tellement grossière qu'elle aurait pu être risible. Mais je n'avais pas du tout envie de rire : je me retrouvais, un soir d'été, parachuté élément principal d'un « coup » politique. La droite – ma « famille » de toujours – m'utilisait comme boutoir pour taper sur la gauche...

Il n'a pas fallu longtemps pour que mes pires craintes soient confirmées. Trois jours plus tard – j'étais en vacances en Vendée – le Président m'a fait dire qu'il voulait me voir au plus vite (décidément, le mois d'août est un mois maudit !). Je me suis exécuté immédiatement, en me demandant une fois encore de quoi il s'agissait.

– Bonjour, commandant. Asseyez-vous. Figurez-vous que j'ai eu la surprise de recevoir hier monsieur Chalandon. Il venait me faire une proposition...

C'était donc ça... Il voulait me parler des derniers

rebondissements de l'intervention télévisée de Jacques Chirac. Je l'ai laissé poursuivre sans rien dire, inquiet de ce qui allait me tomber sur la tête.

– Il voulait m'échanger notre neutralité dans l'affaire Chaumet contre la leur dans l'affaire des Irlandais.

En matière de coups tordus, je pensais être blindé – ces cinq ans passés à l'Élysée m'avaient donné l'occasion de me faire une idée que je pensais assez complète sur le sujet. Mais là, j'hésitais entre l'écœurement et la stupéfaction ! Comment un ministre de la Justice pouvait-il avoir le culot ou – et – la stupidité de venir proposer ce deal grotesque au Président de la République ?

– Vous comprendrez que je ne peux pas accepter une chose pareille, commandant.

– Naturellement monsieur le Président. Il n'en est même pas question...

François Mitterrand poursuit calmement, en mesurant chacun de ses mots.

– Je lui ai donné mon point de vue : dans un cas, c'est la parole d'un homme qui vous accuse de l'avoir obligé à couvrir son erreur de procédure ; dans l'autre cas, c'est une affaire financière grave. Je lui ai dit que les deux dossiers n'avaient aucune commune mesure. Et pour être certain qu'il n'y ait pas de malentendu, je lui ai écrit cette lettre, qu'il recevra demain. Voulez-vous la lire, s'il vous plaît ?

Il n'était pas difficile de percevoir une pointe de mépris dans sa voix : malgré sa longue expérience politique, François Mitterrand était lui aussi écœuré par la médiocrité de ce coup bas... J'ai pris la feuille qu'il me tendait avec un embarras sans doute mal dissimulé : le Président de la République me demandait, à moi, petit commandant, de lire le courrier confidentiel qu'il envoyait au garde des Sceaux !

Et quel courrier ! Froide et sèche, la lettre résonnait comme une claque sans appel. J'ai longtemps su me la réciter par cœur ; douze ans après, les termes exacts se sont sans doute un peu brouillés dans ma mémoire, mais je me souviens assurément de sa teneur. Cette missive rappelait au ministre qu'il avait souhaité rencontrer le Président pour le tenir informé des développements de l'affaire concernant les accusations portées contre son conseiller le commandant Prouteau. François Mitterrand tenait à répéter au garde des Sceaux, par courrier, ce qu'il lui avait dit lors de leur entretien : l'affaire concernant les frères Chaumet ne pouvait en aucun cas être comparée avec les accusations portées contre le commandant. En conséquence de quoi, le Président pensait qu'il était préférable de laisser la justice suivre son cours.

En lisant ce texte, je réalisai à quel point la démarche d'Albin Chalandon, en plus d'être misérable, était stupide : si François Mitterrand avait accepté d'utiliser des méthodes aussi minables, il aurait pu se servir de son entrevue avec le garde des Sceaux contre la droite en moins de temps qu'il ne faut pour le dire. Quel ramdam aurait fait cette lettre, si elle avait été rendue publique !

Gêné, j'ai reposé la feuille sur le bureau, sans savoir qu'ajouter : j'avais l'impression désagréable d'avoir commis une indiscrétion.

– Commandant, je voulais absolument qu'il y ait une trace écrite, et que vous sachiez qu'elle existe, afin que vous puissiez parler de cette curieuse proposition, le jour où vous en aurez besoin.

– Je vous remercie, monsieur le Président, mais je ne crois pas que...

– Vous vous trompez. Je pense qu'elle finira par vous être utile. Maintenant, une chose est sûre : ils vont vous inculper. Ils veulent se servir de vous contre moi...

Il m'avait dit tout ce qu'il avait à me dire. J'ai pris congé, un peu assommé par ce qui venait de me tomber sur la tête.

– Commandant ?

– Oui, monsieur le Président ?

– Un conseiller à la présidence inculpé, ça va faire du bruit. Voyez avec Pilhan et Colé comment gérer cette affaire.

– Bien monsieur le Président...

Trois semaines plus tard, j'étais inculpé (aujourd'hui, on dirait mis en examen) pour complicité de subornation de témoin dans l'affaire des Irlandais de Vincennes, transformée en un tournemain en « affaire Prouteau »...

*
* *

Sans conviction, j'ai pris rendez-vous avec les ineffables Jacques Pilhan et Gérard Colé, conseillers en communication de François Mitterrand. Je les connaissais de vue, pour les avoir croisés souvent dans les couloirs de l'Élysée, surtout depuis quelque temps. Mais j'avais jusque-là réussi à ne jamais avoir affaire à eux : mettre son avenir entre les mains de ces publicitaires de la politique que sont les « communiquants » est, à mes yeux, la plus grosse bêtise que puisse faire un chef d'État. Ils ont perverti le système républicain, en poussant les politiques à donner aux médias une importance démesurée. Un homme d'État devrait gérer sa communication à partir de son programme politique et de ses résultats, au lieu de construire ce programme en fonction de la réaction qu'il pourrait susciter dans la presse. C'est pourtant ce qui se passe, la plupart du temps...

À vrai dire, j'avais déjà eu affaire à Gérard Colé quelques années plus tôt, lors d'un voyage en Afrique. Il faisait partie de la suite qui accompagnait le Président pour visiter Tombouctou, un site absolument magique, en plein désert. Nous devions ensuite rejoindre Bamako, mais l'avion présidentiel n'avait pas pu se poser pour venir nous chercher. Nous ne disposions que de transals[1], en nombre insuffisant. Plusieurs dizaines de personnes étaient donc condamnées à attendre sur place une deuxième rotation des avions. La question était de savoir qui restait en rade. De bonne grâce, comme Michel Charasse et quelques autres, dont la présence à Bamako semblait moins

1. Un transal est un avion de transport militaire, peu confortable et donc peu adapté au transport des personnalités.

urgente, j'avais cédé ma place dans le transal du Président. Mais Gérard Colé, lui, refusait à grands cris de céder la sienne à Jean-Christophe Mitterrand, qui faisait partie du voyage, et que j'avais poussé à embarquer ! Devant nos hôtes médusés, il faisait un scandale au chef du protocole en hurlant :

– Je suis le conseiller médias du Président ! Je suis le conseiller médias du Président !

Exaspéré par ses gesticulations, et la piètre image de la France qu'elles donnaient à nos hôtes, j'ai fini par intervenir.

– Monsieur Colé, calmez-vous, voyons ! Votre insistance est déplacée...

– Vous êtes vous-même assez mal placé pour me donner des leçons, mon commandant. Vu les problèmes que vous créez au Président avec l'affaire des Irlandais, vous feriez mieux de ne pas en rajouter...

Je n'ai jamais supporté ni la bêtise, ni la méchanceté. La moutarde m'est montée au nez...

– Vous avez de la chance que nous soyons en public et à l'étranger, sinon vous prendriez mon poing sur la figure.

Que n'avais-je pas dit là ! Le « conseiller médias du Président » est devenu carrément hystérique. Il a pris à témoin Michel Charasse, qui assistait à la scène, hilare.

– Vous avez entendu, Michel. Il m'a menacé !

Charasse a repris son sérieux pour lui répondre gravement :

– Oui, et tu devrais la fermer, parce que je le connais : si tu continues, il va vraiment te boxer...

Pétrifié, Colé s'est tu immédiatement. Puis il est parti bouder sur la piste, en plein soleil, dans une chaleur infernale.

Depuis ce jour, nous ne nous étions plus jamais adressé la parole.

Autant dire que je voyais d'un assez mauvais œil ma « collaboration » avec messieurs Colé et Pilhan. Je me demandais comment allaient se passer nos retrouvailles ! Je ne fus pas étonné outre mesure de l'étonnante cordialité (le monde de la communication est un royaume assez hypocrite) avec laquelle Gérard Colé m'accueillit :

– Ah, mon cher Christian ! Comment allez-vous ? Le Président nous a prévenus que vous aviez besoin de nous...

Je ne pensais vraiment pas avoir besoin d'eux, mais je n'allais pas non plus, vu les circonstances, me les mettre à dos : ces gens-là sont d'une efficacité redoutable lorsqu'il s'agit de nuire... J'ai donc tâché de faire bonne figure, avec patience et diplomatie.

Ils ont commencé par me faire passer une sorte d'examen, pour mesurer ma capacité à m'exprimer devant une meute de journalistes. Après une heure d'exercices idiots, qui les ont sans doute rassurés quant à la forme, nous avons attaqué le « fond »...

– Voilà. Nous avons pensé à une stratégie de communication pour cette affaire. Nous allons contre-attaquer en expliquant que vous êtes un North à la française.

Que venait donc faire dans cette histoire le personnage principal de l'*Irangate*, qui avait fait tant de bruit aux États-Unis ? Et comment pouvait-on comparer une énorme affaire mettant en cause des ventes illégales d'armes et la caisse noire de la CIA avec le minable bétonnage de procédure du commandant Beau ?

– Attendez, là, je ne comprends pas bien. S'il faut que je réponde à la presse, je veux bien répondre à la presse. Mais il n'est pas question que j'endosse le rôle d'un quelconque personnage, et surtout pas celui de North ! Il ne faut pas exagérer ! On est tout de même bien loin de l'*Irangate* !

– N'en soyez pas si sûr, mon commandant... La droite ne va pas hésiter à vous charger. Ce qui nous intéresse, dans le personnage de North, c'est son passé militaire irréprochable. Grâce à ça, l'opinion américaine lui a tout pardonné. Il a même été innocenté.

Pourquoi faut-il que les « communiquants » fassent toujours référence aux méthodes américaines ? J'essayai de me calmer pour leur répondre posément, en exposant mes arguments :

– Ce n'est pas une mauvaise idée, mais il me semble qu'elle ne convient pas tout à fait à la situation. D'abord, North est impliqué dans une sombre histoire de commissions au profit de la CIA, ce qui n'est pas mon cas. Ensuite, je n'ai rien à me faire pardonner. Et puis nous sommes en France, pas aux États-Unis. Là-bas, on aime les soldats, on les respecte et les admire. Ici, être militaire est nettement moins valorisant...

Ils m'ont répondu assez évasivement... Je les ai

quittés furieux, et effaré que le Président fasse confiance à des gens aux idées aussi ridicules... Je pensais avoir bien fait, finalement, de passer un peu de temps avec ces deux zigotos. En acceptant de les rencontrer, j'avais échappé de justesse à leur « stratégie » invraisemblable : je ne serais pas un pion dans leur sacro-saint « plan média », destiné à gagner quelques points dans la bataille électorale...

C'était sous-estimer gravement le pouvoir démesuré des « communiquants », surtout à l'approche des élections... Quelques jours plus tard, au cours d'une longue intervention télévisée avec Christine Ockrent, François Mitterrand a repris tranquillement le raisonnement tordu des « duettistes », en affirmant :

– La France apprendra à connaître le commandant Prouteau, qui est un des plus beaux prototypes de ce que peut produire l'armée française...

Inutile de chercher d'où venait cette idée débile... Cette phrase, que lui ont sans doute soufflée mot pour mot nos deux comiques, je la connais par cœur : à chaque tuile qui me tombe sur la tête, je trouve une personne bien intentionnée pour me la rappeler...

Elle me reste en travers de la gorge, même douze ans après. J'ai été blessé que François Mitterrand m'utilise de la sorte sans même me prévenir, simplement parce que deux hurluberlus avaient décidé que je faisais bien dans le tableau. Je ne lui en ai jamais parlé, mais je lui en ai toujours voulu... Comment un homme aussi intelligent a-t-il accepté de se plier à ce jeu stupide ? Il avait bien d'autres flèches à son arc, nettement plus convaincantes que ces petites manœuvres sans envergure...

Au risque de paraître, une fois encore, d'une indécrottable naïveté, je continue de penser que la meilleure façon de gagner, pour un homme politique, est de mettre en œuvre ses idées afin de prouver, concrètement, d'après les résultats obtenus, qu'elles sont bonnes pour son pays. Hélas, la plupart du temps, le combat politique se résume à une lutte sans merci – et sans scrupules – pour détruire le camp d'en face. « Adversaire », « bataille » présidentielle, « combat » électoral, tous ces termes guerriers, employés couramment pour décrire la vie politique, ne devraient pas avoir leur place dans une démocratie... Ils sont pourtant la parfaite illustration des méthodes employées au sein même du système démocratique, et des « coups » utilisés dans ce genre de combat.

De mon promontoire élyséen, j'ai eu cent fois l'occasion d'observer les manœuvres des belligérants – lorsque je n'étais pas moi-même utilisé comme projectile ; ma « proximité » avec François Mitterrand m'a offert plusieurs fois ce « privilège »...

*
* *

Je me souviens fort bien, par exemple, avoir vu naître le feuilleton à multiples épisodes concernant le financement des partis politiques. La droite a ouvert le feu en mettant au jour l'affaire Urba. De mon poste, je recevais suffisamment de renseignements pour subodorer ce qui se préparait... J'ai eu l'occasion d'en discuter avec Charles Pasqua, dont je ne partage pas toujours les idées, mais que j'ai toujours apprécié pour son indéfectible attachement aux principes républicains : durant la cohabitation, il était le seul, par exemple, à tenir régulièrement informé l'Élysée de ce qu'il jugeait important pour la bonne marche de l'État. Nous nous croisions souvent, ici ou là. C'était toujours un plaisir d'échanger quelques mots avec cet homme plein d'esprit.

Je n'étais pas le seul à apprécier sa compagnie, d'ailleurs : François Mitterrand, lui non plus, n'a jamais boudé ce plaisir. J'ai raconté dans mon premier livre comment, lors de la constitution du premier gouvernement de cohabitation, le Président a déjoué indirectement les efforts de certains petits camarades de Charles Pasqua pour convaincre Jacques Chirac de ne pas le nommer ministre de l'Intérieur. J'ignore si c'est cet épisode qui a lié les deux hommes ; ils avaient aussi en commun des souvenirs de Résistance et, je crois, un même attachement aux intérêts supérieurs de l'État.

Pendant la cohabitation, il est arrivé souvent que des cérémonies rendent obligatoire la présence de tous les membres du gouvernement à l'Élysée (et même lorsqu'elle était facultative, peu d'entre eux laissaient passer l'occasion de se faire voir – et photographier – aux côtés du chef de l'État). On s'en doute, l'ambiance était glaciale, bien que le Président mette un point d'honneur à lier conversation avec

« ses » ministres. Dans cette atmosphère très particulière, exempte de toute cordialité, les apartés de François Mitterrand et Charles Pasqua en ont exaspéré plus d'un : il n'était pas rare de les voir rire ensemble, sous les regards envieux ou contrariés du reste de l'assemblée. Les deux hommes se respectaient, au-delà des clivages politiques... Et cela faisait un peu désordre !

C'est donc sur ce ton badin qu'il affectionne particulièrement que j'abordai avec Charles Pasqua – à mots couverts, bien entendu, cela fait partie du jeu – le sujet délicat qui me préoccupait : les prémices de l'affaire Urba.

– Monsieur Pasqua, vous préparez de drôles de choses, qui vont faire du bruit...

Il savait parfaitement de quoi je voulais parler !

– Vous êtes donc au courant, monsieur le préfet ? Vous ne m'en voudrez pas, tout de même, de me féliciter que le malheur des uns puisse faire le bonheur des autres... Surtout lorsque « les autres », c'est nous...

– « Les autres », c'est vous... pour le moment. Mais je ne serais pas étonné que « les uns » puissent à leur tour se réjouir de vos malheurs, et plus tôt que vous ne le croyez.

– Qu'est-ce que vous me racontez ?

– Imaginons que toutes les armoires où sont rangées les casseroles des uns et des autres se trouvent dans une même grande pièce sonore – le monde politique. Vous pensez avoir eu la bonne idée d'ouvrir une armoire pour en faire tomber une casserole du parti voisin. C'est sûr, ça va faire beaucoup de bruit ! Vous allez déclencher un boucan de tous les diables, que la France entière va entendre. Mais au bout d'un moment, plus personne ne saura distinguer d'où vient le brouhaha, et il portera préjudice à toute la classe politique, sans distinction...

Charles Pasqua m'a regardé en rigolant, avant de conclure, goguenard :

– Ce n'est pas con, ce que vous dites, monsieur le préfet...

Ce n'était peut-être « pas con », mais ça n'a pas empêché la droite de mettre en marche la machine à distribuer les claques. Ils ont commencé par les donner, mais ils n'ont pas tardé à les recevoir ! En matière de financement, il n'y avait pas un parti pour rattraper l'autre. Tous étaient aux frontières de la légalité – et c'est un euphémisme. Naturellement, la droite a laissé éclater l'affaire Urba pour porter un coup qu'elle espérait fatal à la gauche et non, comme elle le prétendait, par souci d'assainir le système.

Mais très vite, il s'est avéré que les entreprises qui finançaient le parti socialiste via Urba... contribuaient aussi au fonctionnement des partis de droite ! La gauche a finalement pris l'avantage, pour une raison majeure qui a sans doute échappé à la droite : le système de financement du Parti socialiste était vertical. Dans ce domaine, l'affaire Urba a été un gros scandale, mais c'est pratiquement le seul qu'on pouvait lui imputer. Au contraire, le système de financement du RPR et de l'UDF était horizontal : il avait des dizaines de ramifications ! La gauche ne s'est pas privée de tirer sur chaque branche, l'une après l'autre, provoquant non pas un, mais deux, puis trois, puis dix scandales : impossible d'arrêter la machine à distribuer les claques...

Avec la faconde qu'on lui connaît, Charles Pasqua avait rigolé de ma démonstration, qui lui semblait sans doute un peu simpliste. Quelques années plus tard, alors que le RPR et l'UDF essuyaient affaire après affaire, il m'a rappelé notre discussion :

– Monsieur le préfet, vous vous souvenez de votre théorie des armoires ?

– Comment pourrais-je l'oublier !

Goguenard, il a répliqué :

– Vous voyez, j'avais raison. C'était pas con votre idée...

Moins bête, en tout cas, que leur stratégie politicienne, qui ne tient jamais compte du long terme ! Il me semble qu'en politique, la « connerie » est inéluctable. Même contre le bon sens le plus élémentaire, tous les politiciens sont fascinés par LE coup du siècle qui terrassera définitivement leur adversaire... Au point qu'aucun ne semble croire aux vertus du travail de longue haleine, ni ne songe, pour gagner une bataille politique, à s'appuyer sur les résultats concrets obtenus pour son pays...

Il ne faut pas croire d'ailleurs que ces « coups » – appelés aussi « chantiers » ou « turbins » lorsqu'ils demandent un peu d'élaboration – soient réservés aux adversaires du camp d'en face ! La lutte pour le pouvoir n'épargne personne, et dans une même « famille », il peut arriver qu'on ait besoin de se débarrasser d'un « frère » ou d'un « cousin » un peu encombrant... Malgré tout ce qu'on a dit de François Mitterrand, je ne l'ai jamais vu utiliser le pouvoir dont il disposait pour « monter un chantier » contre une personne qui le gênait. C'est le mésestimer que de penser qu'il avait besoin de ce genre de mécaniques (il en utilisait sans doute d'autres, plus tortueuses mais bien moins médiocres) pour parvenir à ses fins : je pense qu'il avait une trop haute idée de lui-même pour s'abaisser à user de méthodes qu'il méprisait. La droite a fait à son sujet une erreur impardonnable : elle n'a pas pris la mesure de son intelligence. François Mitterrand détestait l'injustice, et toute cette mauvaise « cuisine ». Chaque fois que lui revenait aux oreilles une histoire douteuse, il avait cette même réaction, péremptoire et hautaine :

– Ce n'est pas correct.

Il aurait pu dire « c'est dégueulasse », mais n'utilisait jamais de gros mots... Sauf devant la télévision, lorsqu'il regardait *Dallas* : il traitait JR de « salopard » !

N'en déplaise à ceux qui m'ont pris trop souvent pour son exécuteur de basses œuvres, c'est aussi bien mal me connaître que de m'imaginer acceptant de fomenter des coups bas, même pour un Président que j'avais appris à connaître et que je respectais. Au risque de passer une fois encore pour un naïf, j'ai une trop haute idée de ce que doit être le fonctionnement de l'État pour tremper dans ce genre de magouilles. Et François Mitterrand avait suffisamment saisi cet aspect de ma personnalité pour savoir que je refuserais absolument de telles compromissions, même si je devais en perdre ma place !

Nous avions, je pense, le même mépris pour les « sales méthodes » – sa réaction à la démarche d'Albin Chalandon en fut pour moi la meilleure preuve. C'est mon honneur de militaire : si je m'abaisse à utiliser des armes aussi dégradantes que celles de mon ennemi, je perds mon âme. J'ai toujours enseigné ce principe essentiel à mes hommes, et j'y tiens autant qu'à ma vie.

Trois fois pourtant, François Mitterrand m'a demandé d'intervenir dans des « coups ». Il s'agissait de stopper, avant qu'elles ne les éclaboussent, des rumeurs immondes mettant en cause trois hommes importants de la vie politique française. À chaque fois, les dossiers étaient bien ficelés, et suffisamment étayés pour salir, au moins jusqu'à ce qu'ils soient blanchis, la réputation de ces hommes. Nous avons fait ce qui était en notre pouvoir pour désamorcer ces affaires, avant que la presse et l'opinion ne s'en emparent.

Dans les trois cas, il s'agissait d'hommes de droite...

Le sujet « coups, chantiers et turbins à l'Élysée » est inépuisable... Je pourrais aussi parler du vrai-faux passeport d'Yves Chalier, des multiples rebondissements des multiples affaires corses, des déboires de Bernard Tapie, et de bien d'autres histoires encore, dont la presse a fait ou fera ses choux gras, au moment précis où un conseiller en communication le décidera. Une affaire dort pendant des années, et puis remonte à la surface, tout d'un coup, sans logique apparente, généralement lorsqu'elle ne présente plus de risque majeur pour le courageux journaliste qui la dévoile. La presse nous fait croire – et peut-être, parfois, le croit-elle elle-même – qu'il s'agit de faire éclater la vérité. En fait, la vérité, tout ce petit monde s'en fout ! L'explosion d'un scandale dépend uniquement de la conjoncture, et de ce qu'il peut rapporter à telle ou telle personne (ou parti), à tel ou tel moment.

*
* *

Je ne suis pas là pour faire l'exégèse de toutes les affaires de ces récentes décennies. Mais il faut bien que je dise deux mots de l'affaire des écoutes qui me vaut le « plaisir » de fréquenter encore – et pour quelque temps, je le crains – le bureau désormais familier d'un juge d'instruction. Dans ce climat délétère, où chacun raisonne selon ses propres turpitudes, on est allé jusqu'à imaginer que le Président m'avait demandé d'écouter la ligne téléphonique d'une actrice de cinéma dans l'unique but de savoir avec qui elle avait une liaison ! Et que, bien sûr, j'avais trouvé ça normal et m'étais immédiatement exécuté...

Comme la plupart d'entre nous, François Mitterrand prêtait une oreille amusée aux potins qui circulaient sur la vie intime de ses contemporains. Il lui arrivait même de se montrer surpris ou agacé du choix de telle ou telle femme qu'il admirait. Mais d'ici à l'imaginer demandant une enquête sur de tels sujets ! Nous avions tellement d'autres chats à fouetter...

Les écoutes téléphoniques existaient bien avant que j'arrive à l'Élysée, et continuent d'exister alors que j'en suis parti depuis longtemps. C'est inéluctable : on ne fait pas de renseignement sans écoute, et on ne gouverne pas un pays sans renseignement. J'ai moi-même été écouté, quand Alain Juppé était Premier ministre. Je ne savais pas ce qu'ils cherchaient. Dès que je me suis aperçu que j'étais surveillé, je leur ai dit au téléphone que s'ils avaient besoin d'une information, le plus simple était de venir me la demander ! C'était marrant, comme situation. Ils ont fini par confier au juge d'instruction qu'ils ne savaient pas, eux non plus, ce qu'ils cherchaient ! À ce jour nul n'a de réponse à la question... Au tribunal, j'ai été relaxé.

Nous, nous ne travaillions jamais de cette façon. Toutes les écoutes que nous faisions étaient ponctuelles, et destinées à vérifier une information fournie par un autre canal. Il y avait toujours un doute sur la personne surveillée : l'écoute nous permettait de lever ou de confirmer ce doute. Durant la période où je les ai utilisées, les écoutes n'étaient régies par aucune loi (ce qui n'est plus le cas depuis 1992) ; c'est ce vide juridique qui m'est sans doute fatal aujourd'hui... Mais comment pouvais-je imaginer que des écoutes effectuées depuis un immeuble appartenant à l'État, par des gens nommés par l'État, et avec l'autorisation écrite de trois ministères, pouvaient être illégales ? Cette question, que je persiste à poser, et à laquelle personne ne m'a jamais répondu, m'a valu la « noix d'honneur [1] » du *Canard Enchaîné*. Je faisais mon boulot dans un cadre défini, avec les moyens dont je disposais : je ne vois pas ce qu'il y a de risible ! Tout le reste n'est que littérature, abondamment alimentée par une curiosité malsaine.

Et de la littérature, sur le sujet, il n'en a pas manqué (pas plus, d'ailleurs, que de curiosité malsaine...). Faire partie de la prétendue « liste officielle des écoutés » – dont personne ne connaît l'auteur bien qu'on m'en ait généreusement attribué la paternité – a été un must dans les dîners parisiens, dont beaucoup se sont vantés (à tort : à ma connaissance, la plupart d'entre eux n'ont jamais été surveillés !). Là encore, j'aurais pu en rire, mais ces histoires invraisemblables finiront par me conduire, à terme, au tribunal... J'ai eu mille fois l'occasion de le vérifier : le secret est nécessaire à l'exercice du pouvoir, même s'il entretient parfois des fantasmes bien éloignés des réalités prosaïques qu'il garde confidentielles.

À la fin d'une audition durant laquelle j'avais refusé, une fois encore, de faire les « révélations » qu'il attendait de moi, le juge m'a dit :

1. La « noix d'honneur » est une rubrique du *Canard Enchaîné* dans laquelle la rédaction épingle les déclarations qu'elle juge les plus stupides.

– Si j'ai bien compris, vous ne parlerez pas...

– Non monsieur le juge, et je vous ai déjà expliqué pourquoi.

– Vous êtes bien un militaire, capable de mourir pour ses valeurs !

– Oui. Et j'en suis fier.

– Vous avez tort. Vous serez le seul, et personne ne vous en saura gré.

Je m'en fiche ! Ce n'est pas parce que tout le monde « balance » ce qu'il sait (ou ne sait pas !) à tort et à travers que je devrais m'y mettre moi aussi. Même si bien peu de gens le comprennent, le respect du secret fait partie de mon engagement auprès du Président de la République – et donc de mon pays. Je ne dérogerai pas.

*
* *

Les « coups » politiques sont toujours fondés sur le mépris de l'électeur, qu'on croit assez stupide pour n'y voir que du feu. La plupart du temps, ils pourrissent la vie d'un ou deux boucs émissaires (je sais de quoi je parle !) parfois au point de les pousser aux confins du désespoir ; plus d'un homme blessé, publiquement sali, ne s'en est pas relevé. D'autres fois, c'est vrai, ils donnent à la justice l'occasion de condamner des coupables... Mais il est rare qu'elle parvienne à épingler TOUS les coupables.

Et puis, un jour ou l'autre, ils ont de monstrueuses conséquences... À ce sujet, je ne peux passer sous silence ce que j'ai vu de l'affaire des otages. Il s'agit en fait *des* affaires des otages du Liban et d'Ouvéa...

C'est en 1986, au moment des élections législatives, que j'ai eu un premier aperçu de ce que les politiques étaient capables de faire dans l'espoir de gagner... Depuis le printemps 1985, des citoyens français étaient retenus prisonniers au Liban. À Matignon comme à l'Élysée, les fins stratèges politiciens pensaient que celui qui réussirait à obtenir leur libération serait élu. Les intermédiaires avec lesquels le gouvernement socialiste tentait de négocier le retour des otages nous avaient même informés avoir reçu une curieuse injonction, quelques mois avant le scrutin : des émissaires de la droite leur avaient suggéré de ne plus traiter avec nous, puisque dans « deux mois, nous ne serions plus là »...

À mes yeux, cette « stratégie » était débile et indigne. En ce qui concerne mon équipe, le seul moteur de notre action était le sort de ces hommes innocents et enfermés, dont l'unique tort était d'être des Français. Les terroristes les utilisaient pour faire chanter le gouvernement, et parler les médias. Avec la police, la DST, la DGSE, nous travaillions comme des fous pour trouver un moyen de les libérer. Les rebondissements de cette histoire-là rempliraient un livre à eux tout seuls ! Toujours est-il qu'à ce moment-là, les otages étaient toujours prisonniers.

Ils étaient encore détenus au printemps 1988, alors que commençait une nouvelle campagne électorale : François Mitterrand se présentait pour un second mandat, contre Jacques Chirac, Premier ministre en place... Concernant les prisonniers toutefois, nous approchions d'un dénouement... en même temps que des élections présidentielles.

Une semaine avant le premier tour, j'apprenais en effet de source sûre que la libération des otages était imminente : tout était prêt, le contact, l'heure de l'avion qui devait les ramener en France, et surtout de quoi satisfaire les exigences des ravisseurs et de leur commanditaire... Et tout d'un coup, pour une raison mystérieuse, la date était reportée ! J'en informai immédiatement François Mitterrand :

– Monsieur le Président, la libération des otages du Liban est ajournée... Je ne comprends pas pourquoi.

– Allons, commandant... Vous pensiez réellement qu'ils les libéreraient maintenant ? Vous êtes bien naïf...

Il avait l'air furieux, mais pas étonné. Je n'ai eu droit à aucune explication supplémentaire...

À ce moment-là, une autre affaire d'otages nous préoccupait énormément. Six semaines avant le premier tour s'était noué un nouveau drame : en Nouvelle-Calédonie, des indépendantistes canaques avaient pris en otages Jean Bianconi, magistrat au parquet de Nouméa, puis une dizaine de gars du GIGN venus le délivrer. Tous étaient détenus dans une grotte, à Ouvéa. Une catastrophe pour le gouvernement de Jacques Chirac...

Il s'est alors passé une chose incroyable, que je ne

comprends toujours pas. Quand de tels événements se produisent, on envoie normalement un officier chargé de gérer l'ensemble des commandements et d'assurer le maintien de l'ordre (l'île était au bord de la guerre civile). Le général de gendarmerie Jérôme, désigné pour assurer ce commandement, avait donc pris le premier avion pour Nouméa. Mais il faut tout de même vingt-quatre heures de vol pour faire le voyage depuis Paris. Or le temps qu'il arrive, Matignon l'avait privé de toute responsabilité au profit d'un commandement militaire supérieur, dirigé par le général Vidal. Ceci au mépris des règles de la Constitution qui garantissent notre démocratie : sur un territoire français, le pouvoir ne peut être remis entre les mains des militaires que si l'état de siège est décrété...

De plus, le gouvernement n'avait même pas jugé bon d'en informer le chef de l'État ! En fait, le seul membre du gouvernement qui rendait compte à François Mitterrand était André Giraud, ministre de la Défense, lequel n'avait pas oublié, lui, que le Président est aussi chef des armées. Mais pour s'être sans doute trop attaché à cette règle républicaine, il avait été tenu à l'écart de l'affaire par son Premier ministre, qui avait confié le dossier à Bernard Pons, ministre des Départements et Territoires d'Outre-Mer.

Si énorme que cela puisse paraître, François Mitterrand n'était donc pas tenu au courant des événements d'Ouvéa. Heureusement, parmi les gars du GIGN pris en otages se trouvait leur patron, le capitaine Philippe Legorjus, avec lequel j'étais très lié, et que les Canaques ont rapidement désigné comme médiateur. Il faisait des va-et-vient entre la grotte et les autorités, pour tenter de négocier une solution. Dès l'arrivée du général Jérôme, ils ont fait équipe. Il ne leur a pas fallu longtemps pour se rendre compte que les militaires étaient en train de préparer un assaut pour faire revenir l'ordre au plus vite. Ils ont tenté de s'opposer à ce projet, qui ne tenait pas assez compte de la vie des otages, et encore moins de celle des preneurs d'otages. À bout d'arguments, ils ont pris la décision de m'appeler.

– Bonjour, Christian. Philippe à l'appareil...

– Philippe ! Comment vas-tu ? Vous vous en sortez, là-bas ?

– Ça va mal, très mal, même. Ça ne pourrait pas être pire... Les militaires refusent toute nouvelle intervention du GIGN. Ils sont en train de préparer un assaut à tout casser, avec bombardement de la grotte et tout le tintouin. Et quand je parle de la sécurité des otages, on me fait comprendre que c'est dommage, mais que les soldats, ça meurt au combat... Mes hommes vont tous y passer, il n'y a aucune chance qu'ils s'en tirent vivants.

Je sentais dans la voix de Philippe un profond désespoir, qui me prenait aux tripes : aucun officier ne peut admettre d'être écarté d'une opération qui risque de coûter la vie à ses gars. Moi-même, qui avais pourtant quitté le GIGN depuis six ans, j'en étais malade : des années après, ils étaient toujours mes hommes...

– Christian, si on les laisse faire, ça va être un vrai

carnage... Fais quelque chose ! Est-ce que le Président est au courant ?

– Tu plaisantes ? À quelques jours des élections, c'est le black-out total ! Il sait ce qu'on veut bien lui dire, et ça ne va pas loin...

– Tu pourrais au moins le prévenir ? Je crois que c'est le seul moyen d'éviter le pire...

– Je vais voir ce qu'on peut faire... Rappelle-moi dès que tu as du nouveau.

– Merci, Christian.

– Tenez bon, on va tâcher de vous sortir de là !

J'ai immédiatement demandé à Christiane un entretien urgent avec le Président. Si ahurissant que cela puisse paraître, c'est uniquement grâce à ce coup de fil du capitaine Legorjus que François Mitterrand a enfin pu savoir ce qui se tramait. Lorsque je lui ai expliqué que les commandos de l'armée étaient sur le point d'attaquer, il a réagi violemment.

– Il n'en est pas question ! Je veux absolument qu'on donne une chance aux otages ET aux preneurs d'otages de sortir vivants de cette affreuse histoire. Si le gouvernement mettait son projet à exécution sans mon accord, je me chargerais personnellement d'informer les Français de la façon dont ça s'est passé. Et je vais le faire savoir à Giraud dans les plus brefs délais.

Il s'est tu un moment, avant de reprendre :

– Bon, commandant. Vous verriez ça comment, vous ?

– Moi, monsieur le Président, je pense que le

GIGN est le seul qualifié pour libérer les otages. Les commandos militaires sont formés à l'assaut ; leur objectif est d'éliminer le danger, quel qu'en soit le prix. Ils ne sauront pas préserver la vie des otages... En revanche, ils pourraient se charger de neutraliser le dispositif installé autour de la grotte... Mais de toute évidence, le montage de l'opération et l'appréciation des conditions de son déclenchement ne peuvent se faire sans le GIGN.

– Bien, merci commandant.

Je ne sais pas exactement comment les choses se sont passées, mais François Mitterrand m'a confié que le ministre Giraud avait transmis sa menace à Matignon. Il avait même eu le courage de se ranger aux côtés du chef de l'État, refusant de donner un seul ordre qui n'ait pas reçu son aval. Sous ces pressions conjuguées, le gouvernement avait finalement admis que le GIGN ne serait pas tenu à l'écart de l'intervention.

Soulagés, le général Jérôme et Philippe Legorjus se sont associés aux militaires pour préparer l'opération, en m'appelant régulièrement pour informer le Président... François Mitterrand tenait absolument à ce que je lui explique point par point ce qui se préparait. C'était une intervention extrêmement délicate et risquée. Les indépendantistes avaient protégé la grotte en l'entourant de quatre postes de tirs, équipés de fusils d'assaut. L'armée devrait neutraliser ces postes, pendant que le GIGN interviendrait directement dans la grotte. L'affrontement était malheureusement inéluctable... Il n'y avait qu'un seul moyen d'éviter qu'il ne se transforme en tuerie : l'assaut devait jouer sur l'effet de surprise, et être extrêmement rapide.

– Legorjus et Jérôme me disent que tout est prêt, monsieur le Président. Ils attendent le moment où les conditions seront les plus favorables : il faudrait que la météo soit mauvaise, et que les Canaques relâchent un peu leur attention. Ça va finir par se produire...

– Bien. Tenez-moi au courant. Si vous me donnez votre aval et que vous m'assurez qu'elle prendra en compte la vie des hommes, je ne m'opposerai pas à cette opération. Et j'ai fait savoir à Giraud que cette libération ne se ferait pas sans mon accord.

Le 24 avril, les Français ont voté pour le premier tour de l'élection présidentielle ; la victoire de François Mitterrand semblait acquise. Il aurait fallu un coup de théâtre pour que Jacques Chirac ait une chance d'inverser la tendance...

Mardi 3 mai, à 11 h 30, le général Jérôme m'appelle : tactiquement, les meilleures conditions sont réunies pour donner l'assaut le soir même, à 19 heures, heure française. Quinze Canaques seulement gardent la grotte, et ils sont fatigués. Legorjus a réussi à faire passer deux petits revolvers 38 à ses hommes par l'intermédiaire du substitut Bianconi, le GIGN et les forces militaires sont en position. La météo est mauvaise : elle jouera en leur faveur, accentuant l'effet de surprise. Jérôme m'explique une dernière fois l'opération en détail, et me prie de convaincre le Président de donner le feu vert. Je demande – et obtiens immédiatement – audience. François Mitterrand m'écoute avec attention.

– Combien cela va-t-il coûter en vies humaines ?

– Nous espérons aucune, monsieur le Président. Mais c'est une opération difficile et risquée. Il peut y avoir deux ou trois morts.

Un long silence suit ma réponse. C'est sans doute terrible, pour lui, de prendre une telle décision.

– Donnez l'accord, et tenez-moi au courant. Venez me rejoindre dans mon bureau un peu avant 19 heures, nous attendrons ensemble.

– Bien, monsieur le Président.

– Je me doutais que ce serait pour aujourd'hui : Giraud a demandé audience. Je le reçois dans cinq minutes...

Je reste abasourdi : même pour une décision de cette importance, le Premier ministre n'a pas daigné se déplacer...

De retour dans mon bureau, j'appelle le général Jérôme :

– Vous avez l'accord du Président.

– Merci. Je pense que Matignon ne vous dira rien du déroulement des opérations... Je vous téléphone dès que c'est terminé, vous pourrez en informer le Président.

À 18 h 45, je retrouve François Mitterrand dans son bureau. Il a l'air très inquiet.

– Vous êtes sûr que c'est la bonne solution, commandant ?

– On n'est jamais sûr de rien, monsieur le Président. Mais les conditions semblent être les moins défavorables...

Comme pour nous rassurer tous les deux, je lui énumère une fois encore toutes les bonnes raisons d'intervenir à ce moment précis : le mauvais temps, l'effet de surprise, la bonne coordination des différentes unités, la préparation méticuleuse de l'opération. Une chose, pourtant, m'inquiète énormément : le GIGN et les commandos de l'armée ont des méthodes tellement différentes...

Jamais je n'ai senti une telle tension dans ce bureau, que je connais si bien. Nous parlons de choses et d'autres, mais le cœur n'y est pas... À 19 h 30, nous n'avons toujours aucune nouvelle ; cela devient très préoccupant. L'assaut était prévu pour 19 heures. S'il a bien été mené dans les conditions qui m'ont été décrites, il n'a pas duré une demi-heure ! Dix minutes sont suffisantes...

– Monsieur le Président, puis-je essayer d'appeler Jérôme ?

– S'il vous plaît, oui.

Je mets plus de trente minutes à obtenir le général, très abattu.

– On ne comprend rien, ici. Tout était prêt, le dispositif a été mis en place. Au dernier moment, nous avons reçu l'ordre de repousser l'opération.

– Quoi ?

– C'est une catastrophe, Christian. Maintenant, c'est sûr, les Canaques nous ont repérés. On ne pourra plus intervenir par surprise.

Lorsque j'annonce la nouvelle au Président, je le vois pâlir. Il ne dit rien, mais je comprends qu'il est totalement scandalisé.

Mercredi 4 mai les otages du Liban sont enfin libérés.

Jeudi 5 mai, les commandos militaires et le GIGN prennent d'assaut la grotte d'Ouvéa. Mais les Canaques, alertés par les mouvements des forces armées déployées deux jours plus tôt, ont appelé du renfort : ils ne sont plus quinze, mais trente-cinq. À l'Élysée, personne ne nous tient au courant de rien. Un quart d'heure avant la publication du communiqué de presse de l'AFP, dont j'ignore encore l'existence, mon téléphone sonne.

– Commandant, ici le général Jérôme.

Sa voix est blanche et tendue.

– Bonjour mon général. Où en êtes-vous ?

– L'assaut a été donné tout à l'heure. Tous les gars du GIGN sont libérés, sains et saufs. Sauf le lieutenant Thimothée, qui est gravement touché à la tête. On l'a évacué vers l'Australie. Il est dans le coma. Et du côté des Canaques, c'est l'hécatombe...

– Il y a beaucoup de victimes ?

– Je ne suis pas sûr du bilan définitif, mais on me

dit au moins quinze morts... Je crains que ce ne soit plus.

Nous nous taisons ensemble, conscients tous les deux de la monstrueuse gravité de ce bilan.

– Je voulais vous prévenir avant que vous ne l'appreniez par l'AFP.

– Merci mon général. Je transmets immédiatement au Président.

Je raccroche, effondré. Je pense à Thimothée, ce jeune lieutenant que j'ai rencontré il y a peu de temps, lors de sa remise de brevet... Et je pense à tous ces morts que je vais devoir annoncer au Président.

*
* *

Le temps que je demande un entretien d'urgence avec François Mitterrand, il avait appris la nouvelle... par l'AFP. Une fois encore, Matignon n'avait pas jugé bon de tenir informé le chef de l'État. Le secrétariat général allait tout de même le prévenir quelques minutes plus tard. Il m'a immédiatement convoqué dans son bureau.

– Commandant, pourquoi autant de morts ? Ce n'est pas ce qu'on m'avait dit.

Je notai qu'il avait la délicatesse, en utilisant le « on », de ne pas m'accabler plus que je ne l'étais déjà. Mais j'ai toujours pris mes responsabilités...

– Ce que je vous ai dit, monsieur le Président, c'était il y a deux jours. Ils ont trop attendu pour donner le feu vert... Sans doute voulaient-ils d'abord libérer les otages du Liban. Les Canaques ont eu vent de ce qui se préparait, ils ont repéré le dispositif. Du coup, évidemment, ils ont appelé du renfort. Et puis la météo a changé...

– Qu'en pense le général Jérôme ?

– Il est horrifié. Il craint que quinze morts ne soit qu'un bilan provisoire. Il dit qu'on ne leur a laissé aucune chance de réaliser cette opération dans de bonnes conditions...

*
* *

Déjà dans tout le pays courait une étrange rumeur : les conseillers politiques du Premier ministre auraient pensé qu'il serait du plus mauvais effet que les gendarmes d'Ouvéa soient libérés avant les otages civils du Liban...

Trois jours plus tard, Jacques Chirac perdait les élections présidentielles...

Le carnage d'Ouvéa a coûté la vie à vingt et un Canaques et à un lieutenant de l'armée.

– 10 –

L'envers des médias

Si étonnant que cela puisse paraître, il a fallu que j'attende d'être nommé à l'Élysée pour apprendre à lire régulièrement la presse. Toute la presse ! Lorsque je suis arrivé, j'avais la culture de mon milieu. Schématiquement, j'étais convaincu qu'à droite était l'autorité de l'État, sa force et son bon fonctionnement ; à gauche, le désordre et l'anarchie. La lecture occasionnelle mais quasiment exclusive du *Figaro* m'entretenait soigneusement dans cette vision manichéenne du monde politique. En ne lisant qu'un quotidien unique et clairement engagé – quel qu'il soit – les lecteurs cherchent à être confortés dans leurs idées, et s'entourent ainsi de certitudes immuables. Ils trouvent dans leur journal exactement ce qu'ils souhaitent croire, évitant soigneusement d'inconfortables interrogations qui pourraient les conduire... au doute ! Comment, dans ce cas, imaginer que le débat d'idées puisse être le moteur de la décision des électeurs ? C'est une illusion : en réalité, seule une tranche infime du corps électoral fait basculer la majorité d'un côté ou de l'autre.

Moi, je votais régulièrement à droite. Cette continuité me semblait logique, et ne me posait aucun problème. Et puis voilà que la gauche arrive au pouvoir. Et que le gouvernement socialiste me trouve des vertus, au point de me confier une mission – et non des moindres ! Je l'avoue, cette décision m'a laissé « politiquement perplexe ». Comme on ne m'a pas donné le choix, j'ai fini par accepter, malgré mes convictions personnelles, à l'époque nettement différentes de celles du gouvernement ; je m'en suis sorti en me persuadant qu'en tant que républicain convaincu, je me devais d'oublier le personnage François Mitterrand pour m'attacher à protéger le Président de la République, élu au suffrage universel.

Cette mission, en me propulsant aux côtés du chef de l'État, m'a mis en contact avec l'homme dont j'ai découvert progressivement, mois après mois, l'incroyable intelligence, les idées humanistes et généreuses. Cependant, quelques semaines m'ont suffi pour comprendre que François Mitterrand avait également un sens aigu de sa fonction, doublé d'un redoutable sens politique.

Ma mission auprès de lui m'a aussi contraint à découvrir la presse dans sa totalité : on ne peut pas s'informer sans l'éplucher méthodiquement et systématiquement. Chaque jour, sur mon bureau, m'attendaient un compte rendu de tous les articles concernant le chef de l'État, le banditisme et le terrorisme, mais aussi tous les journaux français, et les principales publications des pays européens. Ils m'ont ouvert l'esprit sur le monde, qui m'est peu à peu apparu bien plus complexe que je ne l'avais imaginé jusqu'alors... Le clivage droite-gauche m'a semblé tout à coup bien simpliste. Je pense que cette expérience est une des meilleures choses qui puisse arriver à un « citoyen », au sens étymologique du terme !

Malheureusement, une médaille a toujours son revers. En arrivant à l'Élysée, j'ai aussi découvert de quelle manière travaillent les journalistes. Dans le milieu militaire, la méfiance vis-à-vis d'eux est presque culturelle ; on considère que la presse est un mal nécessaire. L'armée et les médias défendent la démocratie, chacun avec ses règles et ses outils : les militaires ont besoin de secret et de discrétion ; les journalistes, eux, de révélations et de publicité. Cette antinomie provoque inévitablement quelques frictions, mais remettre en cause l'une ou l'autre de ces règles porterait atteinte à une liberté fondamentale, et conduirait rapidement au fascisme ou au totalitarisme.

En tant que militaire, j'avais donc appris à me défier de la presse, même si au début de ma carrière je n'avais eu que peu d'occasions de croiser ses représentants. Mais au GIGN, j'ai compris que « faire savoir » est indispensable (l'existence même du groupe dépendait de l'utilité qu'on lui reconnaissait !). Je l'admets, les contacts que j'ai eus avec les médias à cette époque furent plutôt gratifiants : dans la plupart des cas, je les rencontrais à la fin d'une opération réussie, pour rendre compte de notre travail. Et comme notre travail consistait à lutter contre les atteintes sournoises infligées par le terrorisme à la démocratie et à sauver des vies humaines, qui pouvait en contester le bien-fondé ?

Il y a eu pourtant quelques ratés dans cette entente cordiale : je me souviens, en particulier d'une terrible affaire dans la prison de Clairvaux, où deux mutins réputés dangereux et déterminés avaient pris des gardiens en otages, au sommet d'un mirador. Pour sauver les gardiens (l'un d'eux avait été grièvement blessé par ses agresseurs), nous n'avons pas eu d'autre solution que de tirer sur les preneurs d'otages. La presse de droite – attachée à l'ordre – a salué notre « courage », pendant que celle de gauche – persuadée que la négociation peut tout résoudre – nous présentait comme le bras armé d'un pouvoir ayant le « mépris de la vie humaine ». Aucune des deux n'avait raison. Le respect de la vie était pour nous un principe fondateur, et prendre la décision de tuer un homme est toujours une horreur, même quand c'est l'ultime recours pour en sauver un autre...

Malgré tout, les choses me semblaient simples. Il y avait d'un côté des événements et leurs acteurs, et de l'autre les journalistes, chargés de relater ces événements en recueillant un maximum d'informations pour les restituer objectivement au public. Je pensais qu'en aucun cas les journalistes ne pouvaient être liés aux acteurs en cause : comment relater et commenter un événement avec objectivité si l'on est l'ami d'un des protagonistes ?

Sur ce point, il ne m'a fallu que quelques semaines pour comprendre que je rêvais ! Après ma nomination à la tête de la coordination de la lutte antiterroriste, j'ai reçu des propositions surprenantes d'un certain nombre de journalistes – et non des moindres. Cela donnait à peu près ce genre de conversation :

– Mon commandant, félicitations pour votre récente nomination. Vous héritez d'un sacré dossier !

– En effet, il y a beaucoup de travail : la menace est importante...

– Les policiers n'ont pas l'air ravis – et c'est un euphémisme ! – qu'un commandant de gendarmerie dirige les opérations... C'est vrai que du coup, ils pourraient se sentir un peu mis en marge...

De fait, je ne crois pas que les policiers se seraient sentis « marginalisés » si la presse n'avait pas tant insisté sur ma nomination ! J'en ai eu la confirmation plusieurs fois par la suite, de la bouche même d'officiers de police : ils me respectaient, mais ils vivaient mal le fait que les médias présentent ma prise de fonction comme une réponse à un constat d'échec de leur corps dans la lutte antiterroriste. Mais dans le style d'entretien que je relate ici, je n'avais pas intérêt à polémiquer, et je veillais prudemment à ne pas agresser mon interlocuteur.

– C'est une description vraiment caricaturale que vous faites là... Personne n'est marginalisé ! Il y a du travail pour tout le monde, et justement, mon objectif est de parvenir à une collaboration efficace entre tous les services. Le fait que je sois moi-même gendarme est totalement hors sujet.

– En tout cas, vous aurez besoin de soutien pour

mener cette mission à bien. Un relais médiatique vous serait fort utile, pour rendre compte de votre travail.

– Les journalistes sont là pour ça, effectivement, et ils ont une grande utilité : grâce à eux, les citoyens sont informés de ce que nous faisons pour les protéger. Mais pour l'instant, il est trop tôt pour que nous ayons quoi que ce soit à présenter. Nous devons surtout nous mettre au boulot.

– Bien sûr, mon commandant. Mais pour être bien compris, encore faut-il s'exprimer... Si vous ne dites rien, n'allez pas vous plaindre d'être maltraité !

– Je ne vais pas vous reprocher de mal présenter des faits si je ne vous donne pas les moyens d'avoir l'information ! Je le ferai, donc, dès que cela me sera possible, et dans la mesure où ce que je pourrai vous dire ne nuira pas à notre travail.

– Mais si vous preniez l'habitude, par exemple, de m'informer moi – et moi seul –, vous seriez assuré de ne pas être trahi dans vos propos. Vous n'ignorez pas que « faire savoir » a une grande importance pour vous et pour le gouvernement. Si nous convenions de rester en contact, votre image y gagnerait certainement...

– Je m'en fiche, de mon image ! Je suis là pour tenter d'organiser la lutte contre le terrorisme, et pour mobiliser les services sur ce combat.

– Vous avez tort, mon commandant. Vous venez d'arriver à l'Élysée, vous ne connaissez pas encore toutes les ficelles. Croyez-moi, vous ne serez efficace qu'avec de bons relais médiatiques. Vous savez, il est assez fréquent, à ce niveau, que les personnes bien informées réservent la primeur de leurs informations à un ou deux médias bien placés...

– Non, je ne le sais pas. Et de toute façon, ça ne m'intéresse pas. Je vous l'ai dit : je parlerai aux journalistes – à tous ceux qui voudront bien m'écouter – chaque fois que je le jugerai utile. Et je serai ravi de vous revoir à cette occasion.

– Réfléchissez bien, mon commandant. Réfléchissez... Votre nomination n'a pas plu à tout le monde, vous ne vous en sortirez pas tout seul...

J'ai souvent senti, dans le ton de mes interlocuteurs, poindre une insistance qui ne laissait aucun doute sur leur attitude à venir : ils se souviendraient de mon manque évident de bonne volonté à leur égard. Les premières fois, je n'en revenais pas : on me proposait tout simplement de « vendre ma salade » (si possible assaisonnée de quelques informations confidentielles) en toute tranquillité ! Oserai-je dire que le principe est bête comme chou ? Il alimente avec constance la fameuse « théorie du truc » que j'ai évoquée précédemment : vous exposez ce que vous faites (ou pas, ça n'a pas réellement d'importance) à un média complaisant. Résultat : tout le monde est content ! Le politique qui vous a nommé – parce qu'on parle de son « truc » ; vous-même – parce qu'on parle de vous en bien ; le journaliste qui signe l'article – parce qu'il tient un scoop.

Dans toutes ces tractations, il n'est jamais question des citoyens, ni de leur droit à l'information : dans le fond, ça n'intéresse aucune des trois parties en cause... Tous parlent de l'opinion avec un O majuscule, mais en fait, ils s'en moquent complètement :

ils fonctionnent en circuit fermé. L'homme politique réagit en fonction de la presse, qui réagit en fonction de la réaction de l'homme politique. Un sondage vient conforter ce petit monde dans ses certitudes. Et le jour des élections, tous tombent des nues en découvrant que, finalement, le peuple a fait ce qu'il a voulu !

Au bout de quelques mois, on m'a fichu la paix, au moins au téléphone : j'étais définitivement catalogué dans la catégorie (sans doute assez rare) des indécrottables qui ne parlent pas. Les journalistes allaient chercher leurs informations ailleurs – quelques bureaux plus loin, généralement – et ne manquaient pas, à l'occasion, de m'égratigner au détour d'un article, histoire de me montrer qui a le dernier mot.

Ces grandes signatures, dont j'avais eu l'impudence de refuser les « services » sans ménagement, ne m'avaient pas menti ! Les politiciens sont pour eux une source d'informations inépuisable, tout comme les hauts (ou moins hauts) fonctionnaires, pourtant légalement tenus au devoir de réserve. En 1985, j'ai déjeuné avec Claude Angéli, rédacteur en chef du *Canard Enchaîné*, qui m'en a fait une démonstration impressionnante. L'affaire des Irlandais et ma mission auprès du Président l'intriguaient assez pour qu'il ait envie de me rencontrer, et se faire sa propre opinion sur le « personnage Prouteau ». J'ai accepté l'invitation avec la ferme intention de lui expliquer pourquoi je trouvais son journal intéressant, mais détestable... Je ne m'en suis pas privé.

– Vous n'hésitez pas, pour montrer que vous êtes informés, à sortir des dossiers qui peuvent porter atteinte à la solidité de l'État...

– Ne croyez pas ça, mon commandant. C'est vrai, nous sommes des empêcheurs de tourner en rond. C'est notre boulot, et heureusement pour la démocratie que nous pouvons le faire à peu près librement dans ce pays. Mais nous avons aussi conscience qu'il y a des limites et nous avons nos règles, quoi que vous en pensiez...

– Dans le fonctionnement d'une démocratie, tout ne peut pas être transparent. La confidentialité est parfois une nécessité, je suis bien placé pour le savoir...

– La confidentialité est toute relative ! Vous seriez étonné du nombre de « confidences » qui arrivent sur mon bureau...

– C'est ce fonctionnement que je trouve malsain. D'une certaine manière, on peut considérer que vous faites plus de la délation que de l'investigation... De surcroît, en dévoilant des informations sensibles, vous prenez une grave responsabilité. Et les gens qui vous informent le font moins par amour de la vérité que pour régler des comptes.

– Nous en sommes conscients. C'est la raison pour laquelle nous ne publions qu'un infime partie de ce que nous apprenons !

– J'ai du mal à vous croire...

– Je vais vous le prouver.

Il me demande alors si j'ai entendu parler d'un

dossier que je croyais ultra-confidentiel (et qu'il n'est pas utile de dévoiler, même aujourd'hui). Nous n'étions qu'un petit nombre à le connaître et il n'aurait même pas dû en supputer l'existence. J'ai du mal à cacher ma stupeur ! Pour me convaincre, il ajoute quelques détails qui ne laissent aucun doute sur la qualité de ses informations... Je suis atterré. Seules des personnes extrêmement haut placées ou leur entourage ont pu l'informer, et rendre ce dossier public pourrait vraiment avoir des conséquences graves. Je n'arrive pas à comprendre que les informateurs de Claude Angéli n'aient pas pris la mesure de leur légèreté : comment peut-on dévoiler des informations aussi confidentielles juste pour le plaisir de montrer qu'on est dans le secret des dieux ?

– Vous voyez, mon commandant. Je sais tout cela, et bien d'autres choses encore. Pourtant je n'en parlerai pas. Je suis tout de même capable de faire la part des choses entre ce qu'il est nécessaire de publier ou pas...

En quelques instants, un grand pan de mes certitudes s'est écroulé... Peut-être Angéli me faisait-il un gros coup de séduction pour gagner ma confiance et obtenir ultérieurement quelques renseignements ? Peut-être voulait-il, en observant ma réaction, vérifier que ce dossier était vraiment confidentiel avant d'en parler dans *Le Canard* ? Il n'en fit jamais rien.

Je l'avoue, cette conversation m'a rendu Claude Angéli extrêmement sympathique, d'autant que le reste du repas fut des plus agréables. Cet homme-là, que je n'ai jamais revu depuis, m'apparaissait soudain différent de ce que j'avais imaginé, utilisant le pouvoir de son journal avec discernement. Dans ce drôle de monde où tous les coups sont permis – je l'ai appris à mes dépens –, c'est rare et respectable.

Cet épisode instructif peut expliquer aussi à ceux qui ont tant de mal à le comprendre pourquoi les services de renseignements peuvent être amenés à procéder à des écoutes téléphoniques, dans le but de savoir comment certaines informations sortent des ministères ou de leurs services. Lorsque des fonctionnaires ou des collaborateurs de ministres manquent à leur devoir de réserve, il est indispensable de connaître l'origine de la fuite, pour que le doute ne pèse pas sur tous. Et pour trouver la fuite, il faut savoir par quel tuyau elle passe. Or dans un tuyau, il y a deux bouts : le départ et l'arrivée. Pour remonter jusqu'au départ, il est souvent plus rapide de surveiller l'arrivée...

Cette analogie avec la plomberie n'est pas anodine : elle a un précédent célèbre, l'histoire des « plombiers du *Canard* ». Sous la présidence de Valéry Giscard d'Estaing, des hommes d'un service de renseignements, justement déguisés en plombiers, se sont fait surprendre en train de « sonoriser » (c'est le terme consacré) les locaux du *Canard Enchaîné*. Depuis dans le métier, on appelle « plombiers » ceux qui sont chargés de poser des micros...

Peu à peu, j'ai découvert avec stupeur, puis avec un certain fatalisme, que dans le monde politique la collusion avec les médias est une pratique plus que répandue. Chacun utilise l'autre à grands coups de scoops et de révélations, au point qu'on ne sait même plus très bien qui manipule qui ! Que penser du rédacteur en chef d'un grand quotidien réputé de gauche qui interviewe le ministre Charles Pasqua sans jamais lui poser une question dérangeante ni impertinente, et publie l'entretien sur une pleine page ? Les interviews politiques sont des outils stratégiques, destinés à informer le bon peuple de grands projets, ou des grandes lignes d'un programme. Elles sont soigneusement préparées et incluses dans un « plan média ». C'est l'homme politique lui-même (souvent conseillé par les inévitables « communiquants ») qui décide quand il parle, et à qui ! Ensuite, il ne lui reste qu'à choisir le journaliste, qui arrive en frétillant, tout fier d'avoir été élu et alléché par l'exclusivité qu'on lui offre.

Ces méthodes font souvent des médias les obligés des hommes politiques : je trouve que c'est contre nature... Mais l'inverse est également vrai : l'homme politique est aussi à la merci des médias et de la manière dont seront rapportées et analysées – ou pas – ses décisions et prises de position. L'action politique est parfois paralysée par la presse, surtout en période de campagne électorale – j'ai déjà eu l'occasion d'évoquer le sujet... C'est la plus totale confusion des genres : chacun a un pouvoir sur l'autre, et ce rapport de forces mobilise une telle énergie qu'il a souvent plus d'importance que l'action elle-même ! J'ai vu des politiques faire des amabilités à certains journalistes « incontournables » qu'ils détestaient ;

j'ai vu ces mêmes journalistes – de droite ou de gauche – hanter les couloirs de l'Élysée, et s'aplatir avec tellement d'empressement devant le chef de l'État qu'ils doivent connaître l'épaisseur des tapis de son bureau au millimètre près. Ces mêmes individus, aujourd'hui, le démolissent sans scrupules, avec une haine proportionnelle à la lâcheté dont ils ont fait preuve quand il était en vie. Depuis qu'il n'est plus là pour les impressionner, ils retrouvent comme par hasard une liberté de propos à son égard qu'ils avaient perdue de son vivant...

Le Président s'amusait de ce jeu imbécile, mais aux effets pervers. Il poussait les flatteurs au bout de leur veulerie, avant de leur rabattre le caquet d'un coup sec. La plupart des admirateurs éconduits revenaient régulièrement à la charge, les autres ne lui ont jamais pardonné. Le rédacteur en chef d'un grand quotidien national, qui n'est pas parvenu – malgré des efforts répétés – à se faire apprécier de François Mitterrand, ne s'est jamais remis de n'avoir pas été considéré par le Président comme le grand journaliste qu'il est persuadé être. Il s'obstine aujourd'hui encore à salir son image dans des écrits dont le moins qu'on puisse dire est qu'ils n'apporteront pas grand-chose à l'Histoire, et encore moins à l'écriture. Ce qui n'est pas le cas des livres de celui qu'il déteste tant...

Mais s'il n'y avait que ça ! Au début de l'affaire des Irlandais, lorsque la gendarmerie a été dessaisie du dossier, aucun média ne s'est employé à vérifier les dires de la police, selon laquelle ces arrestations étaient sans intérêt. Pendant des semaines, les seules informations publiées émanaient des policiers, un point c'est tout. C'était la première fois – hélas, il y en a eu beaucoup d'autres – que je constatais avec étonnement que les journalistes négligent l'investigation. Leurs révélations, souvent présentées comme le résultat d'une longue enquête, proviennent fréquemment d'une seule et unique source et sont rarement vérifiées. La compétition entre les médias, la chasse au scoop à tout prix – les journalistes vont vite, une information chasse l'autre – nuisent singulièrement à un travail de fond. Résultat : on peut leur faire gober presque n'importe quoi. Et généralement, plus c'est gros, plus ça marche !

Le journalisme est aussi le seul métier où l'on tire profit des erreurs des autres, sans jamais être sanctionné pour ses propres fautes. Lorsque la justice met finalement hors de cause un individu accusé de tous les maux en première page, quel média en fait ses gros titres ?

Toute cette littérature écrite (filmée, enregistrée) dans l'urgence et destinée à « accrocher » le lecteur (ou le téléspectateur, l'auditeur), contribue à alimenter le fantasme universel qui entoure la face cachée du pouvoir. Un suicide devient forcément un assassinat (que n'a-t-on raconté sur la mort de François de Grossouvre, ou sur celle de Pierre Bérégovoy...), un malheureux hasard est obligatoirement le fruit d'un complot, une question sans réponse le début d'une affaire d'État. C'est vrai que l'univers du pouvoir est parfois obscur et compliqué. Mais sa réalité est beaucoup plus prosaïque que ce que nous racontent les journaux, et les romans de John Le Carré ! Durant les quatorze ans que j'ai passés à l'Élysée, j'ai surtout vu des petites combines mesquines, des successions de maladresses imbéciles et des « coups » à trois francs-six sous... Vues de l'intérieur, les machiavéliques « affaires à tiroirs » dont la presse nous abreuve sont beaucoup moins palpitantes que ce que racontent les journaux : dès qu'il y a plus d'un tiroir, tout le monde s'emmêle les pinceaux, et si parfois elles semblent complexes, leurs acteurs n'y sont pas souvent pour grand-chose...

Quant à la sacro-sainte liberté d'expression des journalistes, prétendument mise à mal par le pouvoir, je l'ai surtout vue réprimée par les journalistes eux-mêmes, et par leurs pratiques discutables. La plupart du temps, j'étais informé quelques jours avant la publication d'un article « délicat »... par l'un ou l'autre d'entre eux, qui me prévenait qu'un sale coup se préparait. La loi oblige les journaux à fournir leurs morasses (les épreuves achevées du journal) avant la parution, si la justice l'exige. Les RG apportaient régulièrement ces morasses à l'Élysée, quelques heures avant la sortie du journal. J'en étais souvent le destinataire, et je les transmettais au Président. Mon boulot s'arrêtait là. Je le dis et le redis, s'il arrivait que certains articles ne paraissent pas, ce n'était pas de mon fait, quoi que l'on ait pu prétendre. Simplement, certains liens entre l'Élysée et des grands patrons de presse suffisaient à éviter de devoir interdire quoi que ce soit...

Un jour pourtant, je me suis vu reprocher d'avoir empêché une parution. C'était quelque temps après le début de l'affaire des Irlandais. Un journaliste travaillant pour un grand hebdomadaire est venu me voir à mon bureau.

– Mon commandant, voilà... J'aurais besoin de votre avis... C'est à propos de Bernard Jegat, l'informateur qui a donné le nom des Irlandais à Barril.

– Oui, je vois très bien qui c'est.

– Je l'ai rencontré. Il m'a raconté son histoire, et tout le déroulement de l'affaire. Ça fait un sacré beau papier ! Mais je ne suis pas tranquille... Pensez-vous que si on le publie, on met la vie de Jegat en danger ?

– Si vous me posez la question, c'est que vous vous doutez de la réponse ! Vous dénoncez une « balance » dans un milieu où les différends se règlent souvent à coups de pétard. Vous croyez que les Irlandais vont lui envoyer un mot de remerciement, à Jegat ?

– C'est bien ce que je pensais... Il faudrait que j'appelle immédiatement mon rédacteur en chef. Ça vous embête si je le fais d'ici ?

Je lui ai prêté mon téléphone : même si j'avais d'autres reproches à faire à ce type que je connaissais par ailleurs, je trouvais quand même tout à son honneur qu'il fût prêt à perdre un scoop pour protéger son informateur... Et puis la situation m'amusait plutôt : j'étais bombardé conseiller à la rédaction d'un magazine d'actualité !

Le rédacteur en chef n'était pas là ; le journaliste

a laissé mon numéro pour qu'il rappelle de toute urgence. Un peu plus tard, je l'ai au téléphone.

– Bonjour mon commandant. Vous en pensez quoi, vous, de cette histoire ? C'est dangereux pour l'informateur ? On publie ou on ne publie pas ? Pour nous, c'est un scoop important... Vous me donnez quoi comme conseil ?

Alors là, j'étais épaté ! Même si, à force d'observer les mœurs de ce curieux milieu, je commençais à être un peu blasé, avoir au bout du fil un rédacteur en chef qui me demandait rien de moins que la permission de publier un article, je n'en revenais pas !

– Je n'ai aucun conseil à vous donner ! Vous me demandez si publier une confession de Jegat qui prouve que c'est lui qui a balancé Plunckett le met en danger, je vous réponds oui. Vous savez comme moi que ce milieu est loin d'être un rassemblement d'enfants de chœur... Pour le reste, prenez vos responsabilités.

Quelques années plus tard, ledit rédacteur en chef était cité comme témoin par Beau, dans le procès de subornation de témoins qui m'a traîné devant les tribunaux. Il a soutenu mordicus que j'avais exigé qu'il ne publie pas ! Lui, le grand héraut de la liberté d'expression, si facilement bâillonné par un seul ordre du méchant commandant Prouteau, auquel il aurait obtempéré sans ameuter la horde de ses confrères ? Je ne me connaissais pas ce pouvoir... Je ne me suis pas privé de le faire remarquer au président du tribunal :

– C'est bien la première fois qu'un journaliste reconnaît obéir à une injonction de l'Élysée !

Je m'étonne encore aujourd'hui que, parmi tous les représentants de la presse assis dans la salle d'audience (je faisais recette à l'époque), aucun n'ait relevé ce détail, qui manque de logique, mais pas de piquant... On a raconté (et publié) tellement d'âneries sur mon compte sans que je puisse m'y opposer que cela devrait suffire à convaincre un troupeau entier d'ânes bâtés que je n'avais aucun moyen d'exiger quoi que ce soit d'un journaliste !

Ou alors, c'est moi qui suis l'âne bâté...

– 11 –

Un homme hors du commun

Qui peut prétendre connaître François Mitterrand ? Ils sont nombreux à en avoir dressé le portrait après l'avoir plus ou moins côtoyé (et souvent plutôt moins que plus !)... Malgré toutes ces années passées avec lui, je ne m'y risquerai pas. Au fil des nombreux entretiens que nous avons eus, de ses réactions, de ce que j'ai vu et appris de sa vie, de son comportement avec les hommes, il m'a plus d'une fois enchanté, dérouté, amusé, énervé, surpris, bluffé. Cet homme extraordinaire reste un mystère pour moi.

Il faut dire que ce qui nous a unis durant toute cette période était peu banal. Il m'a fait confiance dès le premier jour sans me connaître. Il a mis son existence entre mes mains, même dans ce qu'elle avait de plus secret... Dès notre premier entretien, je me suis senti lié par cette confiance totale qu'il m'accordait. Je n'ai pas réalisé de prime abord que l'aspect confidentiel de ma mission m'obligerait, sans que personne ne me le demande, à donner plus, comme si je me sentais coupable d'être celui qui avait compris en quoi le Président était vulnérable.

Sans parler de l'imbroglio politico-judiciaire dans lequel elle m'a enfermé pour de nombreuses années, ma position auprès de François Mitterrand était extrêmement inconfortable. Il fallait que je sois à la fois très près de lui et très à distance. Je m'en suis tiré longtemps en veillant à toujours faire la différence entre l'homme et la fonction, pour deux raisons : je préservais ainsi son intimité, et je me protégeais, moi, de tout sentiment – quel qu'il soit – dont je sentais bien qu'il m'aurait gêné pour faire correctement mon métier.

C'est en septembre 1987 que les choses ont changé. Je suis en déplacement, seul dans ma voiture. Comme toujours, j'écoute la radio, et je comprends soudain que l'entreprise de démolition construite pour atteindre à travers moi le Président candidat est en marche : « Le patron de la cellule antiterroriste de l'Élysée, conseiller de François Mitterrand, a été mis en examen pour subornation de témoin dans le cadre de l'affaire des Irlandais de Vincennes. » Première chronique quotidienne d'un lynchage annoncé ; mon nom va faire recette...

Le Président a beau m'avoir prévenu, la nouvelle de mon inculpation me tombe dessus comme une masse. Elle est insultante : depuis toujours, je me suis attaché à ce que mes hommes me suivent parce qu'ils ont confiance en moi. Laisser croire que j'ai obligé quelqu'un à mentir sans lui apporter mon soutien me touche plus que si l'on m'accusait de vol.

Une autre chose me blesse, moi qui ai consacré ma vie à mon pays sans esprit partisan, dans la manière dont le journaliste présente les faits : il dit « conseiller de François Mitterrand », et non pas « du Président de la République ». L'attaque vise l'homme, pour atteindre la fonction. La machine à broyer est bel et bien en route...

Quant au fait d'apprendre la nouvelle par la radio, et non par un courrier du juge, je vais devoir m'y faire : je ne sais pas encore que ce jour maudit de septembre n'est que le premier d'une longue série (pas encore terminée, hélas !).

Une demi-heure plus tard, je suis encore sous le choc. Mon téléphone de voiture me tire de mes pensées. Je m'y attendais : Patricia, ma fidèle assistante, a dû elle aussi écouter la radio et veut sans doute me réconforter...

– Mon petit Christian, où étais-tu passé ?

C'est la voix de Christiane, qui m'appelle du secrétariat particulier du Président. Ça ne m'étonne pas : en amie sincère, elle doit vouloir me remonter le moral...

– Ça fait plus d'une heure qu'on te cherche partout !

Je lui réponds, la voix un peu plus cassée que d'habitude.

– J'étais là, mais je roule. Tu sais, la liaison ne passe pas toujours très bien...

– On a appris ce qui t'arrive. On est de tout cœur avec toi...

– Heu... Merci. C'est vraiment gentil...

– Bon, dis donc, je n'ai pas trop le temps. Le Président veut te parler, on s'est fait tirer les oreilles parce qu'on ne te trouvait pas assez vite ! Je te le passe, et je te rappelle plus tard.

Le Président veut me parler ? C'est assez peu courant, il doit y avoir quelque chose de grave. Qu'est-ce qui va encore me tomber sur la tête ?

– Commandant, c'est moi.

Je n'ai pas le cœur à rire, mais la formule m'étonnera toujours : comment puis-je ignorer que c'est lui ?

– Voilà. Ils ont osé, comme je vous l'avais dit... Je voulais que vous sachiez que je comprends ce que vous ressentez. Faites comme si tout cela n'avait pas d'importance... Cela n'a aucune incidence sur ce que moi je pense de vous. Ne vous laissez pas atteindre, nous savons tous les deux qu'à travers vous, c'est moi qu'ils visent. Si cela vous touche trop, leur petite manœuvre aura réussi, et il ne le faut pas !

– Oui monsieur le Président. Mais c'est dur, en tant que haut fonctionnaire, de se retrouver face à la justice de son pays...

– Oui, oui, bien sûr. Mais vous savez très bien pourquoi ils ont fait cela, alors prenez de la distance. Et puis vous en avez vu d'autres, bien plus graves, au GIGN... Vous rentrez quand ?

– Dans la nuit, monsieur le Président.

– Bon, eh bien passez me voir demain et pensez à autre chose. Au revoir !

– Merci de m'avoir appelé, monsieur le Président. Mes respects...

Pendant quelques minutes je reste incapable de

réfléchir à cette conversation. Et puis, comme d'habitude, je me la répète en cherchant ce que j'aurais pu dire d'autre. La démarche de François Mitterrand me touche : rien ne l'obligeait à m'appeler, et je ne m'y attendais vraiment pas. Mais je retrouve une fois encore l'homme que j'ai si souvent observé, et dont je me suis délibérément tenu éloigné.

De retour à Paris, j'ai pris un bristol pour lui écrire :

Monsieur le Président,

Jusqu'à aujourd'hui, j'ai servi le Président de la République. Si vous le permettez, désormais je servirai aussi François Mitterrand.

Le lendemain, je le vois à 19 heures ; Christiane lui a remis mon mot en fin de matinée.

– Commandant, j'ai lu votre mot. Je vous remercie de ne plus faire la nuance...

Et il est passé à autre chose.

Il manifestait un profond dégoût pour l'injustice, je l'ai découvert assez tôt, à la lumière d'un épisode dont je me serais bien passé. C'était en janvier 1983 – j'étais à l'Élysée depuis quelques mois seulement. Charles Hernu, ministre de la Défense, me fait savoir qu'il veut me voir. Je me rends donc rue Saint-Dominique, sans avoir aucune idée de ce qu'il veut me dire.

Charles Hernu m'explique qu'il est confronté à un gros problème qu'il ne parvient pas à résoudre : Gaston Defferre, ministre de l'Intérieur, vient d'obtenir pour la police nationale une mesure financière majeure réclamée depuis longtemps par les syndicats. Et pour qu'elle soit perçue par les policiers comme une véritable faveur, la gendarmerie qui aurait dû en bénéficier elle aussi a été écartée du texte d'application de cette nouvelle disposition. D'après Charles Hernu, Gaston Defferre a tellement insisté auprès du Président pour que seule la police obtienne cet avantage que rien ne peut le faire changer d'avis. Sauf moi, pense-t-il !

Je suis sidéré, et à peu près sûr qu'il se trompe : si lui, ministre choisi par François Mitterrand, n'est pas parvenu à le convaincre, comment y arriverai-je, moi ? Je l'écoute développer ses arguments en me demandant comment me sortir de cette impasse...

– Vous comprenez, mon commandant, on ne peut pas dire d'un côté « la gendarmerie est une arme formidable et c'est pour cela qu'on lui a confié la sécurité du Président » et de l'autre lui refuser une chose à laquelle elle a droit autant que la police... En plus, que vont penser les gendarmes en voyant que les syndicats de la police ont obtenu ce qui leur est refusé ?

Je me tais, perplexe. À mon avis, il m'envoie au massacre... Il insiste.

– Vous devez bien ça à la gendarmerie, mon commandant...

Ça y est, je suis piégé ! Je lui demande avec résignation de m'expliquer plus en détail ce dont il s'agit. Il m'explique que le texte, en passe d'être entériné, concerne deux mesures importantes pour les retraites et les pensions des veuves.

Le lendemain, je suis dans le bureau de François Mitterrand, à qui j'ai demandé une audience en urgence. Plus que jamais, je suis dans mes petits souliers...

– Alors commandant, qu'avez-vous de si important à me dire ?

À peine ai-je commencé à lui expliquer les raisons de ma visite qu'il me coupe sur un ton sec que je ne lui connais pas :

– J'ai pris ma décision à ce sujet, les explications de Defferre m'ont convaincu. Le texte est prêt et va être annoncé au conseil des ministres de demain.

Je m'y attendais. Il n'a pas dit « de quoi vous mêlez-vous ? » mais c'est tout comme. Je me surprends à m'énerver à mon tour : il ne m'a même pas laissé parler !

– Monsieur le Président, c'est une décision parfaitement injuste. Les gendarmes font autant de travail que les policiers, souvent plus même, si l'on tient compte de leur disponibilité en caserne. Cette disparité va être perçue comme un succès des syndicats de police ; les gendarmes pourront se demander à juste titre si leur ministre suffit à garantir leurs intérêts... M. Defferre réclame pour les policiers un privilège sur les gendarmes que rien ne justifie : ces mesures étaient attendues depuis longtemps par les deux ministères...

C'est parti tout seul, d'un trait. Maintenant, mon audace m'inquiète et je me dis qu'il va me ficher dehors. Il se tait pendant quelques secondes qui me semblent durer une éternité.

– « On » ne m'a pas présenté le problème comme cela...

Il appuie alors sur l'un des boutons du clavier interphone qui trône sur son bureau.

– Bianco, venez tout de suite !

Le bureau de Jean-Louis Bianco jouxte celui de Jacques Attali : le secrétaire général de la présidence est là en un rien de temps.

– Entrez Bianco. Je veux que le texte sur les policiers soit modifié. Rajoutez-y les gendarmes.

– Mais monsieur le Président, c'est Defferre qui... Il ne va jamais vouloir !

– Faites ce que je vous dis !

Bianco sort ; je suis à la fois gêné et ravi d'avoir obtenu gain de cause.

– Vous êtes content commandant ? Allez rassurer les gendarmes. À bientôt.

De retour dans mon bureau, je savoure ce succès. Ma présence à l'Élysée aura été utile à ma maison. J'appelle Hernu pour le prévenir.

– J'étais sûr que vous y parviendriez.

Pas moi ! Et je me souviendrai longtemps de la colère froide que j'ai dû affronter !

*
* *

Une des choses qui m'impressionnaient beaucoup chez François Mitterrand était son amour immodéré de la lecture, dont j'avais eu un aperçu lors de ma première visite à Latche. Partout où il se rendait, il se déplaçait avec ses livres ; tous les endroits qu'il habitait, de La Bergerie de Latche à sa chambre rue

Frédéric-Leplay, où il s'est installé après son départ de l'Élysée, en étaient remplis. Le secrétariat particulier croulait sous les ouvrages, empilés le plus souvent à même le sol – beaucoup d'auteurs lui envoyaient leur dernière parution. En voyage officiel, dans les avions, dès qu'il ne travaillait pas, il lisait. J'ai toujours été étonné par le temps qu'il pouvait consacrer à cette passion dévorante.

Je crois qu'il était aussi un bibliophile averti : il se rendait régulièrement chez des marchands de livres anciens de la rive gauche, et pouvait y rester des heures à feuilleter avec délectation des éditions rares. Un jour, je lui ai apporté un de ses livres anciens qu'il avait fait restaurer. Il nous avait demandé d'aller le chercher dès qu'il avait su qu'il était prêt. Il a déplié avec précaution l'ouvrage, enveloppé dans un papier cristal. La manière dont il a caressé la couverture en cuir était respectueuse, presque sensuelle. En le regardant faire, je me suis imaginé que ce geste était comme un remerciement à tous ces mots qui transportent la pensée à travers le temps... En leur édifiant un temple, la Grande Bibliothèque, il les a protégés tout en les magnifiant.

Il consacrait également beaucoup de temps à l'écriture. Presque chaque année, Christiane allait passer quelques jours à Latche pour dactylographier les pages qu'il noircissait. Très discrète, elle protégeait jalousement les écrits que lui confiait le Président, déchirant systématiquement chaque feuillet manuscrit dès qu'elle l'avait tapé. Tant pis pour les collectionneurs d'autographes !

Christiane était aussi chargée, avec ses collègues du secrétariat, de taper les discours présidentiels. Certains étaient préparés par les conseillers et remaniés par le chef de l'État, d'autres écrits par lui, et d'autres encore... entièrement improvisés. Combien de fois ai-je entendu Christiane s'étonner :

– Mais ce n'est pas du tout ce que j'ai tapé !

Je me souviens en particulier d'un voyage au Burkina Faso, littéralement « la patrie des hommes intègres ». Le pays était dirigé à l'époque par le Président Sankara, que tout le monde s'accordait à trouver fort sympathique. C'était un jeune capitaine qui avait fait ses études à Saint-Cyr, dans la même promotion qu'Alain Le Caro. Dynamique, il menait son petit pays avec enthousiasme et rigueur. La veille de notre départ, nous étions invités à un grand dîner dans les jardins de la présidence.

À la fin du repas, Sankara s'est levé pour prononcer un discours. Dans un français raffiné, il s'est livré à une agression en règle contre l'Europe colonialiste et capitaliste. Tout y est passé, en vrac : la liberté, le paternalisme, le droit des peuples à disposer d'eux-mêmes, l'ingérence, la corruption de l'Afrique, le racisme, l'économie, le FMI, le franc CFA... Plus il parlait, et plus nous nous tassions sur nos chaises ! Il s'adressait au Président Mitterrand comme s'il le tenait personnellement pour responsable, en tant que représentant d'une génération, de tous les maux du continent africain. Même le pool de journalistes, d'ordinaire peu enclin à s'émouvoir de ce genre d'attaques, commençait à manifester bruyamment sa réprobation. Le jeune chef d'État semblait avoir oublié les règles les plus élémentaires de la courtoisie.

Lorsqu'il s'est enfin tu, nous nous attendions tous à ce que François Mitterrand quitte la table. C'était mal le connaître ! Il ne résistait pas au plaisir d'une joute verbale... Il s'est levé lentement pour répondre à son hôte, en une allocution improvisée qui a duré plus d'une heure. Sur le thème « la jeunesse a les défauts de ses qualités », et sans une note écrite sur laquelle s'appuyer, il a repris point par point chaque argument de Sankara pour le démonter savamment, en étayant son raisonnement de références historiques, culturelles, géopolitiques, économiques... Il s'adressait directement à lui comme s'ils étaient en tête à tête, patiemment, à l'instar d'un professeur reprenant pour son élève un sujet qu'il avait mal compris. Ce qui, au début, m'a semblé être une « fessée », s'est révélé en fait l'explication brillante et magistrale d'un vieux sage à un jeune débutant enthousiaste.

Nous étions tous fascinés. Lorsqu'il a terminé, le Président Sankara s'est levé pour l'applaudir à tout rompre, immédiatement suivi par l'assistance.

Quelque temps plus tard, au « pays des hommes intègres », un coup d'État sanglant a mis fin à l'aventure du jeune capitaine-président qu'un de ses camarades de promotion a promptement remplacé...

Cette facilité que François Mitterrand avait à parler en public, nous nous en régalions lorsqu'il se livrait à un exercice particulièrement difficile qu'il était le seul, à ma connaissance, à effectuer avec autant de talent : la remise des ordres nationaux : le Mérite et la Légion d'honneur. Aucun conseiller n'aurait raté cette « représentation » qui se déroulait une fois par mois dans la salle des fêtes de l'Élysée. D'abord, on y croisait des gens célèbres, un grand nombre de personnalités souhaitant être décorées par le chef de l'État lui-même. Et puis, on venait savourer la prestation du Président : il est en effet d'usage de faire le panégyrique de l'impétrant, ne serait-ce que pour qu'il ne soit pas dit qu'il est honoré par hasard.

François Mitterrand disposait d'une petite fiche sur chacun des futurs décorés. Quelques heures avant la cérémonie, invariablement de mauvaise humeur, il y jetait un coup d'œil en grommelant :

– Mais qu'est-ce que je vais pouvoir dire sur ces gens, je ne les connais pas !

Il arrivait systématiquement en retard, puis sans papier et sans se tromper, il adressait un compliment plus ou moins long mais toujours précis à chaque récipiendaire. C'était un peu notre récréation ; avant chaque remise de médailles, nous consultions la liste des promus comme on lit un programme, pour avoir une idée de la qualité du spectacle qui nous attendait.

Je fus surpris un jour de trouver sur cette liste le nom de Michel Sardou. Pour saisir le piquant de l'histoire, il faut préciser qu'il est nécessaire, pour être décoré par le Président en personne, d'en faire officiellement la demande ; la liste d'attente est longue, et beaucoup de candidats ne sont pas retenus... Les idées du chanteur – engagé à droite depuis longtemps – n'étant un secret pour personne, nous étions nombreux à attendre l'événement avec impatience. Nous n'avons pas été déçus. Je me souviens encore à peu près mot pour mot des premières phrases de François Mitterrand :

– Michel Sardou ! D'aucuns pourraient s'étonner de vous trouver en ces lieux, mais comme vous êtes ce qu'il est convenu d'appeler un chanteur populaire – ce qui veut dire appartenant au peuple, lequel comme vous le savez, est composé pour une grande part de ceux qui m'ont porté ici –, votre présence n'a rien de surprenant, bien au contraire...

L'assemblée était aux anges... Après un développement précis sur la noblesse du terme « populaire », François Mitterrand a détaillé minutieusement la carrière de notre vedette nationale, citant de tête une dizaine de chansons – du *Rire du sergent* à *Ne m'appelez plus jamais France*. Chacune d'entre elles était choisie pour une raison précise, qui nous fut expliquée : la qualité du texte, le choix de l'argument, la musique... Il s'est arrêté plus longuement sur *Musulmane*, dont il récita avec un plaisir non dissimulé trois strophes qu'il devait aimer particulièrement. À l'évidence, le Président maîtrisait le répertoire dont il parlait ! Une fois encore, il nous avait bluffés !

Je me souviens aussi de la remise de décoration d'Edwige Feuillère, dont il retraça avec admiration toute la carrière théâtrale et cinématographique, sans une note ! Et celle, émouvante, de Catherine Langeais, dont il fut éperdument amoureux pendant l'Occupation, et à laquelle il envoya une abondante correspondance. Ce jour-là, nous assistions aux retrouvailles de deux jeunes gens attendrissants...

Ces speeches n'étaient pas réservés aux personnalités : un décoré sur dix était parfaitement inconnu. Le Président prenait grand soin de ces inconnus, et les traitait avec une extrême gentillesse que leur enviaient les incontournables représentants du microcosme parisien. Avec ceux-là, il était froid et distant – c'était sa manière à lui de se protéger de la familiarité de rigueur dans ce milieu. Il prenait même un malin plaisir à leur envoyer quelques vacheries bien senties. François Mitterrand avait le sens de la repartie ; s'il était de bonne humeur, il jouait avec ses interlocuteurs, qui s'emberlificotaient dans des phrases compliquées pour tenter de faire illusion ou de flatter leur hôte. S'il était dans un mauvais jour, c'était plus... expéditif :

– Mes respects monsieur le Président, si vous saviez combien...

– Oui, oui, c'est bien. Bon, au revoir...

À l'époque où les *Guignols* de Canal + lui faisaient murmurer à tout bout de champ un cinglant « imbécile(s) », nous étions un certain nombre à penser dans son entourage que l'on ne pouvait pas faire plus juste !

D'une manière générale, son comportement était radicalement différent avec les gens simples. Le chef de l'État était capable de parler de la pluie et du beau temps sans se forcer ; il se souvenait de personnes rencontrées en des circonstances éloignées, demandait des nouvelles des enfants. Il connaissait presque tous les hommes du GSPR (ils étaient une centaine !) par leur prénom – voire leur surnom ! – et s'intéressait sincèrement à leur soucis. À mon grand dam, il lui arrivait même de prendre leur défense lorsqu'ils étaient sanctionnés pour avoir commis une faute : il était trop gentil ! Au point que cela nous a posé à plusieurs reprises des problèmes de commandement...

Un jour, il me demande de venir le voir.

– Dites-moi, commandant... Untel vient de m'annoncer qu'il quitte le GSPR. Je lui ai demandé pourquoi, et il m'a répondu que c'était pour une raison disciplinaire. J'aimerais que vous passiez là-dessus...

Je suis dans une rage folle ! « Untel » faisait partie de la garde rapprochée de la famille Mitterrand. Il avait commis une faute grave, qui exigeait son départ immédiat. Mais Alain Le Caro et moi savions très bien quelle réaction aurait le Président à l'annonce de son renvoi... Aussi, nous avions passé un marché : si Untel présentait son départ comme un choix personnel, il serait muté à un poste intéressant au lieu d'être sanctionné. Nous ne pouvions pas fermer les yeux : ses collègues n'auraient pas compris qu'il n'y ait aucune suite à un tel manquement au service.

Je sais que François Mitterrand a horreur d'être contredit, mais en tout état de cause je ne peux pas, comme il me le demande, « passer là-dessus »...

– Monsieur le Président, vous ne pouvez pas intervenir... Le Caro et moi sommes sensibles à l'attention que vous portez aux hommes. D'ailleurs, ils vous en sont reconnaissants : ils se feraient tuer pour vous. Mais pour que le GSPR reste efficace à votre service, il est indispensable de maintenir une grande rigueur dans le travail. Si vous prenez position dans les problèmes disciplinaires, nous ne commanderons plus rien !

Inquiet, j'attends sa réaction. Il se tait. Puis soupire, penaud :

– Mais commandant, il est tellement sympathique...

Mes gars aussi trouvaient le Président « sympathique ». Lorsqu'on sait à quel point François Mitterrand impressionnait la plupart de ceux qui le côtoyaient, cela peut sembler surprenant... Mais il avait tissé avec ces hommes qui le protégeaient nuit et jour des liens particuliers, formels mais affectueux. Je me souviens avoir observé de loin une partie de pétanque devant la maison de Souzy qui valait son pesant d'or !

Quand je suis arrivé, François Mitterrand était accroupi et mesurait grossièrement, à l'aide de ses deux mains écartées, la distance entre la boule qu'il venait de lancer et le cochonnet. Il a conclu d'un triomphal :

– Enfin, vous voyez bien que c'est moi qui prends !

Mes trois gars l'entouraient, penchés sur les boules litigieuses. Et j'ai entendu l'un d'entre eux répondre sur un ton réprobateur :

– Là vous exagérez, monsieur le Président. C'est pas parce que vous êtes Président qu'il faut tricher...

C'est sûr, François Mitterrand n'aimait pas perdre ! Mais d'ici à le traiter avec autant de familiarité... Je décidai de me montrer pour faire diversion et couper court à une discussion scabreuse. François Mitterrand m'a aperçu et accueilli avec un grand sourire.

– Ah, vous êtes là commandant ? Venez donc !

Il m'est venu à l'esprit qu'il allait me demander de trancher sur ce point. Comment allais-je pouvoir m'en sortir ?

– Je dis quelques mots à votre commandant et on reprend.

Ouf, sauvé. Je me voyais mal avoir à les départager !

Je l'ai déjà dit, les GSP avaient pour consigne stricte de ne rien me rapporter de ce qu'ils voyaient ou entendaient lorsqu'ils étaient en mission. Ils ne résistaient pourtant pas au plaisir de me raconter de temps à autre, avec une affection à peine dissimulée, quelque situation cocasse où François Mitterrand s'était montré sous un jour... inattendu !

Par exemple, le Président jouait au golf, à Saint-Cloud, tous les lundis matin. Le terrain était fermé au public ce jour-là, ce qui nous facilitait la tâche. Chaque fois que cela lui était possible, Jacques Attali l'accompagnait. François Mitterrand ne se débrouillait pas trop mal, mais avait un drive approximatif qui envoyait souvent les balles dans des endroits impossibles... Naturellement, les GSP lui donnaient un coup de main pour retrouver ses balles. Jacques Attali, lui, réussissait beaucoup mieux ce genre de coup. Et ça avait le don d'énerver mes hommes, qui n'aimaient pas voir « leur » Président mis en difficulté. Ils m'ont avoué qu'ils veillaient à toujours avoir quelques balles supplémentaires dans leur poche, qu'ils laissaient discrètement tomber à leurs pieds lorsque le tir du chef de l'État leur semblait perdu. Et ils se faisaient un plaisir de ponctuer leur forfait d'un innocent mais triomphal :

– Je l'ai, monsieur le Président !

Personne n'était dupe – surtout pas le principal intéressé, assez peu à cheval sur les règles du jeu, à la pétanque comme au golf – mais tout le monde se taisait. Mis à part Attali, qui trouvait la ficelle un peu grosse et protestait parfois d'un :

– Il me semblait bien, pourtant...

... auquel faisait écho un grand silence même pas coupable !

Il y eut des moments plus difficiles. Pendant la campagne électorale des élections présidentielles de 1988, le Président se déplaçait beaucoup. Comme toujours, les véhicules que nous utilisions dans les villes qu'il visitait étaient acheminés par la route. De retour d'un meeting à Lille, le chauffeur d'une de ces voitures blindées n'a pas pu éviter l'écart d'un camion chargé de poutrelles métalliques, qu'il a percuté de plein fouet. Le GSP Desplanches, assis à la place du passager, fut tué sur le coup.

Nous étions tous sous le choc, et il me fallait prévenir François Mitterrand. Il connaissait Robert Desplanches un peu mieux que les autres pour une raison particulière. Un jour, il m'avait demandé :

– Voilà, commandant, quand je vais à Brégançon, il faut toujours ameuter le ban et l'arrière-ban pour des problèmes d'intendance. Parmi vos gars si débrouillards, il doit bien y en avoir un qui sache faire la cuisine ? Vous savez, je ne suis pas quelqu'un de compliqué, je mange des choses simples...

Pas compliqué, peut-être, mais fin gourmet tout de même ! Desplanches, en plus d'être un excellent GSP, était un vrai cordon bleu. Il a mitonné au Président – et à sa « petite demoiselle » – ces « choses simples » qu'ils adoraient... Annoncer au Président la disparition de Robert était d'autant plus difficile.

Surpris de me voir dans son bureau de si bonne heure, François Mitterrand me demande :

– Alors, commandant, qu'y a-t-il de si grave ?

Je lui raconte l'accident. Il est retourné mais ne semble pas voir précisément de quel GSP il s'agit. Ça me surprend : j'ai eu maintes fois l'occasion d'être pris en défaut par sa mémoire phénoménale. Je tente de lui décrire Desplanches, sans succès. Tout à coup, je pense à Brégançon :

– Monsieur le Président, c'est le garçon qui vous préparait les repas à Brégançon !

– Oh, non ! Ne me dites pas que c'est Robert...

Il a l'air sincèrement bouleversé. Moi je suis sidéré : jamais je n'aurais pensé devoir parler de Desplanches au Président en l'appelant par son prénom...

Aussitôt, il se préoccupe de toutes les questions pratiques : qui prend soin de la famille de Robert ? Y a-t-il une assurance, des problèmes financiers ? Il termine en me demandant la date des obsèques.

– Je ne sais pas trop, monsieur le Président. Nous n'avons pas encore eu le temps de voir tout ça avec ses proches. Mais nous ferons sûrement une messe à Satory pour la levée du corps.

– Tenez-moi au courant, je m'y rendrai.

J'imagine immédiatement les complications : le Président de la République qui se déplace, c'est un événement qui ne passe jamais inaperçu, j'en sais quelque chose. Je crains que sa présence ne perturbe le recueillement et la communion dont nous voulons entourer Robert et sa famille.

– Monsieur le Président, je sais que vous avez un emploi du temps très chargé à cause de la campagne électorale. Ce ne sera pas simple pour vous de le modifier... Nous préparons une chapelle ardente, vous pourriez aller vous recueillir et...

– Non. Je veux être auprès de lui ; il était bien là pour moi. Pour mon emploi du temps, « ils » se débrouilleront. D'ailleurs, je suppose que vous souhaitez que tous ses camarades soient autour de lui ?

– Oui, bien sûr, sauf si leur mission exige que...

– Eh bien si je suis là, ils y seront forcément, non ?

C'est un argument d'une absolue mauvaise foi : il sait très bien que toutes les équipes ne pourront pas être là. Mais visiblement, il tient à être présent...

Comme pour m'éviter de lui dire ce qu'il ne souhaite pas entendre, il ajoute :

– Bon. Et n'oubliez pas que je viens à titre privé. Danielle m'accompagnera. Alors occupez-vous de tout.

J'ai compris le message : surtout ni presse, ni l'habituel cortège des éternels suiveurs qui se croient obligés de se montrer à ses côtés où qu'il aille. Il ne veut pas déranger la simplicité de la cérémonie.

– À plus tard, commandant. Et dites à vos hommes que cette perte m'affecte beaucoup.

La messe a eu lieu dans le grand gymnase de Satory, plein à craquer. Dans ce moment de peine, nous étions heureux que le Président soit avec nous.

Tous ces instants « intimes » que nous partagions avec François Mitterrand faisaient que nous ne portions pas sur lui le même regard que le reste de son entourage officiel. Cette complicité affectueuse entre le chef de l'État et le GSPR n'était pas du goût de tout le monde – y compris la direction de la gendarmerie –, et nous a valu quelques mesquineries qui finissaient par tout transformer en problèmes.

Pour le cinquième anniversaire de la création du groupe, les GSP avaient prévu une belle fête, organisée à Satory, dans les règles de l'art. La direction a donné son accord : les préparatifs vont bon train lorsque, tout à coup, ordre est donné de tout annuler, sans motif. Le Caro vient me voir pour que j'en parle au Président, à qui j'explique le projet des gars, et leur déception face à cette interdiction venue d'en haut.

– C'est minable, cette histoire ! commandant, dites-leur qu'ils l'auront, leur fête. Elle sera pour eux tout seuls – j'insiste – et à la date prévue. C'est moi qui les invite ! Nous ferons ça ici, à la salle des fêtes, avec leurs épouses.

Le jour venu, je vais saluer mes hommes et leurs femmes. C'est bien la première fois que j'en vois autant réunis. Eux qui effectuent leur service en civil sont tous en tenue ; ils ont de l'allure ! Le Président n'a pas lésiné sur les moyens : le buffet est magnifique. Dehors, il fait un temps superbe. Tout est en place pour que la fête soit réussie. Mais Fortemps se dirige vers moi, l'air renfrogné.

– Souriez, Michel ! C'est un grand jour !

– Vous n'avez pas vu, mon commandant ? « Ils » sont là.

Je suis son regard et découvre qu'en effet, « ils » sont là, dans un coin près de l'entrée : tous les généraux du grand état-major de la gendarmerie, regroupés autour de leur directeur. Parmi eux se trouvent les responsables de l'annulation du projet initial des GSP, toutes étoiles dehors. Ils ne manquent pas de culot.

– Mais qui les a invités ? Le Président avait bien précisé que c'était pour vous seuls !

– Je crois que c'est Glavany. Vous savez, son père est général. Il a dit que ça ne se faisait pas....

– Là, il va y avoir un clash, je le sens. Je vais voir avec lui...

Jean Glavany, à l'époque chef de cabinet, attend François Mitterrand dans le salon des aides de camp en compagnie de Colliard, Ménage et Bianco.

– Jean, c'est vous qui avez invité les étoilés ? Le Président va être furieux, il m'avait bien précisé « le GSPR seul ».

– Oui je sais, mais on ne pouvait pas faire une chose pareille. Ne vous en faites pas, j'en prends la responsabilité.

– Bien, vous lui expliquerez...

Je monte avertir le chef de l'État que tout le monde est arrivé, en me gardant de lui annoncer que nous serons un peu plus nombreux que prévu... Il est souriant et détendu, heureux du cadeau qu'il fait aux hommes.

– Alors commandant ? C'est bien ? Ils sont contents ? Le buffet est copieux, au moins ? J'ai insisté : ce sont des grands gaillards, il ne faut pas qu'ils manquent...

Nous sommes au seuil de la salle des fêtes, prêts à entrer, lorsqu'il recule brusquement : il vient d'apercevoir les généraux qui attendent en rang d'oignons à l'entrée. Il me prend le bras et me demande :

– Commandant, que font-ils là ? J'avais dit le GSPR seul !

Le ton est cinglant, il est vraiment en colère. Pas très fier de moi, je réponds :

– C'est Glavany qui...

Jean s'avance, manifestement dans ses petits souliers.

– Monsieur le Président, j'ai cru que...

Le regard glacial de François Mitterrand lui cloue le bec. Nous sommes toujours sur le seuil, chacun se demande ce qui se passe. Je sens le Président prêt à faire demi-tour et à laisser ses invités en plan. Il hésite un peu, puis finalement s'avance vers la salle, face aux généraux, en marmonnant :

– Je ne viens pas pour eux, d'ailleurs je n'ai rien à leur dire.

Il leur serre la main du bout des doigts avant de se diriger vers les GSP, qui l'applaudissent. Son visage change du tout au tout, il rayonne : il est enfin à son affaire. Il se fait présenter les épouses, dit un petit mot aimable à chacun, et se dirige vers le micro. Sur le ton de la conversation, il rappelle qu'il voulait que cette fête soit « familiale », avant de remercier les GSP pour leur dévouement, leur sens du service, leur efficacité, leur disponibilité, leur gentillesse ; aux femmes, il demande pardon de les priver si souvent de leur mari. Il reste un long moment, lui qui d'habitude s'éclipse dès que possible de ce genre de réunion. Sans le vouloir, ceux qui souhaitaient priver le GSPR de sa fête lui ont permis d'être reçu à l'Élysée, par le chef de l'État en personne !

***

Lorsque j'ai rencontré François Mitterrand, j'ai essayé de cerner son personnage, si complexe. J'ai découvert bien vite que s'il était singulier, il était surtout pluriel. À mon sens, toute tentative de le comprendre était vouée à l'échec... Aussi me suis-je borné à l'observer. C'était déjà, en soi, un travail à plein temps !

Je l'ai raconté, c'est lors d'un dîner à Latche que j'ai découvert à quel point cet homme était attaché à l'ordre. Ce trait de caractère m'a surpris, parce qu'il venait à l'encontre de l'idée que je me faisais d'un chef d'État socialiste. En réalité, François Mitterrand était un président plutôt autoritaire, qui n'aimait pas trop la contradiction... mais qui assumait parfaitement les siennes ! Après avoir reproché à de Gaulle de s'être fabriqué une Ve République sur mesure, où le chef de l'État monopolisait le pouvoir, il en a endossé le costume avec une facilité déconcertante ! Cette Ve République, qu'il avait tant critiquée dans *Le Coup d'État permanent*, lui a convenu parfaitement dès que le suffrage universel l'a porté à la tête du pays. Il me semble qu'aucun Président n'a su, comme lui, coller à l'esprit de la Constitution.

Alors qu'approchaient les présidentielles de 1988, tout le monde se confondait en conjectures pour savoir si, oui ou non, il serait à nouveau candidat. Moi, j'en étais certain, pour une raison simple : à aucun moment il ne m'avait demandé de prendre des dispositions pour régler les perturbations inévitables que provoquerait dans sa vie privée son éventuel changement de fonction. Et lorsque Charles Pasqua m'a demandé de passer à son bureau, pour une raison dont j'ai vite compris qu'elle était fallacieuse, et qu'il m'a affirmé, l'air de ne pas y toucher :

– Dites-moi, monsieur le préfet... Le Président est un homme raisonnable, il ne va pas se présenter !

Je n'ai pas pu m'empêcher de répondre :

– Monsieur le ministre, il ne m'a pas fait de confidences, mais si j'étais à votre place, je ne parierais pas sur cette éventualité...

J'avais déjà souvent constaté que François Mitterrand avait une haute idée de la fonction présidentielle – par exemple lorsqu'il avait rendu un service à Valéry Giscard d'Estaing, balayant ma surprise d'un « il a été Président, tout de même », ou lorsqu'il avait fait accrocher à l'Élysée un portrait de Georges Pompidou, à côté de celui de De Gaulle. Pour des raisons d'organisation, j'ai passé beaucoup plus de temps qu'à l'accoutumée avec lui pendant cette campagne présidentielle. Cela n'a fait que confirmer mon impression : il ne jugeait aucun candidat digne de lui succéder ! Il avait cet argument définitif, assené sur un ton méprisant et sans appel, pour écarter toute candidature qui ne trouvait pas grâce à ses yeux (et, pour dire vrai, aucune ne lui convenait) :

– Ce n'est pas un homme d'État !

Je suis même persuadé qu'à aucun moment, il n'a envisagé qu'il pouvait perdre...

En fait, cette période m'a vraiment plu. Il était à lui seul un vrai spectacle, et jouait son rôle à la perfection : en sept ans, il s'était identifié à ce poste, comme s'il avait atteint le haut niveau qu'il considérait être le sien. Le suffrage universel, la légitimité du peuple, lui permettait d'être royal tout en ayant le sentiment de rester démocrate. Je suis sûr qu'il arrivait même à se convaincre qu'il se sacrifiait pour la France ! Plusieurs fois, il a soupiré, comme pour se persuader que seul son sens du devoir le poussait à se représenter :

– Ah, je serais tout de même plus tranquille à Latche, vous ne croyez pas ?

Bien sûr, nous le détrompions... Un peu pour lui faire plaisir, mais surtout parce que nous savions qu'il se serait ennuyé au bout d'une semaine !

À l'Élysée, nous connaissions tous sa légendaire mauvaise foi, qui n'a épargné aucun d'entre nous. J'en ai été victime à de multiples reprises, et je ne m'y suis jamais habitué ! J'en ris maintenant, mais elle m'a plus d'une fois mis en colère.

Il y avait d'abord la mauvaise foi de « routine », qui se manifestait souvent de la même façon... Il me donnait une directive, ou acceptait une de mes suggestions, et quelque temps après m'appelait pour me demander :

– Commandant, qui vous a demandé de faire cela ?

Après m'être fait avoir deux ou trois fois, j'ai trouvé la parade : à la suite de chaque entretien où il avait pris une décision, je lui envoyais une note manuscrite sur le sujet. Il y apportait quelques remarques et me la retournait : je détenais alors une preuve écrite, qu'il me suffisait d'évoquer en cas de litige pour qu'il esquive :

– Bon, commandant, et si *nous* voyions le problème autrement ?

Il lui arrivait aussi de me chercher alors qu'il m'avait envoyé en mission à l'autre bout du monde. Il me faisait appeler et commençait la conversation sur un ton de reproche :

– Ah, commandant, enfin ! Mais où êtes-vous ?

– Eh bien monsieur le Président, je suis à...

– Mais qu'est-ce que vous faites là-bas ?

Je me suis demandé bien des fois s'il ne se fichait pas de moi !

Et puis il y avait la mauvaise foi plus sophistiquée, qu'il utilisait pour escamoter les aléas compliqués de sa vie privée. Ce n'est un secret pour personne : il aimait être entouré de femmes, et elles appréciaient sa compagnie. Durant ses deux septennats – et bien avant que la question ne soit à la mode –, la « parité » était effective à l'Élysée...

À une certaine époque, il rencontrait de temps en temps une personnalité dans un immeuble parisien situé rue X. Comme toujours, une équipe de GSP faisait le tour du pâté de maisons pour repérer les issues : cet immeuble-là avait deux entrées, une rue X et une rue Y. Un jour, Michel Fortemps vient me trouver pour me signaler que des journalistes planquent depuis peu devant l'entrée de la rue Y. Je décide donc de prévenir le Président, qui connaît forcément les deux adresses. L'exercice n'est pas simple : bien que j'aie appris, grâce à lui, à maîtriser l'art de l'allusion, il est parfois difficile de ne pas appeler les choses par leur nom !

– Monsieur le Président, il faut que vous sachiez que nous avons repéré des journalistes qui surveillent depuis peu l'entrée de la rue Y...

Il me regarde avec un air faussement surpris que je reconnais entre mille, avant de me répondre avec aplomb :

– Oui, c'est bien, mais que voulez-vous que ça me fasse ? Je n'y vais jamais, là-bas...

Je n'en reviens pas ! Il me prend vraiment pour un imbécile !

Je me suis tu, naturellement... Mais il n'est plus retourné, ni rue X, ni rue Y !

Un autre jour, le Président me demande de venir à son bureau de toute urgence.

– Voilà, commandant. L'affaire dont j'ai à vous entretenir est délicate...

Coincé raide sur ma chaise, je me demande une fois de plus ce qui va me tomber dessus.

– Figurez-vous qu'une amie d'Attali dont je ne me rappelle plus exactement le nom – Christine quelque chose, je crois – a été agressée dans le métro. On a tenté de lui voler son sac et, depuis quelque temps, elle se sent suivie. J'ai dit à Attali de lui suggérer de vous en parler. Ne soyez donc pas étonné si elle vous appelle, et tenez-moi au courant...

Alors là c'est le bouquet ! Au fur et à mesure qu'il me parle, je décrypte la vérité, qui n'est pas très difficile à deviner : « Christine quelque chose » est de toute évidence cette charmante Christina, jolie correspondante d'un journal suédois dont il connaît parfaitement le nom, et dont tout le monde sait ici qu'elle est son amie à lui, et non celle d'Attali...

Christina est venue me voir : effectivement, elle était harcelée par des paparazzi indélicats... Nous avons sympathisé. Elle était drôle et intelligente. Son amitié et ses longues conversations avec François Mitterrand ne sont plus un secret pour personne : elle les a racontées dans un livre plein d'admiration...

*
* *

Durant toutes ces années, je n'ai jamais réussi à savoir ce que le Président pensait de ma présence à ses côtés. Nous n'en avons jamais parlé ; il ne m'a même jamais dit clairement qu'il me faisait confiance, ce qui semblait pourtant évident. La question peut paraître sans importance ; elle ne l'était pas. Témoin de son intimité, dans laquelle j'avais à intervenir directement, j'avais l'impression d'être sans cesse sur le fil, à la frontière délicate qui sépare la discrétion de l'indiscrétion. Il me semble que les non-dits dont il était coutumier, s'ils m'ont parfois compliqué la tâche, m'ont finalement aidé à ne jamais franchir cette frontière.

François Mitterrand n'était pas démonstratif, et ma pudeur s'en accommodait plutôt bien. Sachant cela, j'ai pris comme un signe de reconnaissance le « cadeau » qu'il m'a fait en me nommant préfet.

C'était en juillet 1984. Nous étions dans son bureau, où nous achevions de parler d'un dossier. Il m'a dit :

– Commandant, je pense qu'il serait bien que vous soyez nommé préfet. Sinon, du fait de votre position ici, la vie va devenir impossible pour vous avec votre hiérarchie.

– Je vous remercie, monsieur le Président.

Grâce à l'intervention de François de Grossouvre, ma nomination a été effective en mars 1985, quelques mois après celle de Gilles Ménage.

Mais jusqu'à son départ de l'Élysée, alors que tout le monde me donnait du « monsieur le préfet », François Mitterrand ne m'a jamais appelé autrement que « commandant ».

Épilogue

Mai 1995. Les déménageurs emportent les derniers cartons du petit bureau que j'occupe depuis deux ans quai Branly. J'avais dû, à l'époque – c'était au début de la deuxième cohabitation – quitter Matignon dans des conditions rocambolesques.

Préfet délégué à la sécurité des Jeux olympiques d'Albertville, j'étais installé à Matignon, dans les locaux des services du Premier ministre. Je venais de boucler les dernières questions financières de notre budget, et du même coup, ma mission. Compte tenu de son succès, j'étais en droit – me semblait-il – d'attendre une nouvelle nomination. Michel Barnier, l'un des deux présidents du comité d'organisation des Jeux, était maintenant ministre ; sans doute intercéderait-il pour moi ?

En réalité, il a surtout fait office – à son corps

défendant – d'oiseau de mauvais augure. Je me souviendrai toujours de son appel :

– Christian, c'est Michel. Écoute, il faut que tu vides tes bureaux de toute urgence. Matignon menace de mettre les scellés sur ta porte ! Ils prétendent que tu fais du renseignement pour l'Élysée...

– Enfin, Michel, c'est parfaitement débile, cette parano ! Le ministre de l'Intérieur n'a qu'à me convoquer pour me dire ce qu'on me reproche. J'ai été nommé par arrêté ministériel à Matignon. Si je suis déplacé, que ce soit dans les règles.

– Christian, ne complique pas la situation. Fais ce que tu veux, mais je t'assure qu'il serait préférable pour toi de ne pas aller à l'épreuve de force. Allez, bonne chance !

La situation était surréaliste. Le directeur de cabinet du Président de la République, que j'appelai immédiatement, était du même avis que Michel Barnier : il lui semblait préférable pour moi de quitter Matignon sans faire de vagues, en attendant que les esprits se calment. Voilà comment je me retrouvai quelques heures plus tard installé dans un petit bureau quai Branly – une annexe de l'Élysée –, bombardé conseiller « officieux » du Président. J'étais mis au placard, en attendant – pensais-je – de pouvoir réintégrer le ministère de l'Intérieur, dont dépendent les préfets.

C'était une fois encore bien naïf de ma part : je n'avais pas pris la mesure de la « faute » qui me rendait indésirable à vie aux yeux de l'ancienne et de la nouvelle majorité. Lorsque l'on appartient à la famille de droite, on ne la « trahit » pas en servant un Président de gauche. Mais lorsque l'on sert un Président de gauche, on ne se débarrasse pas de ses origines de droite...

Deux ans plus tard, toujours sans affectation et désormais sans bureau, je regarde partir mes cartons d'archives personnelles vers le garage que j'ai dû louer pour les entreposer. Cette fois-ci, je suis sans illusions. Je sais que l'image qui me colle à la peau va me laisser indésirable pour longtemps. C'est comme ça : on n'empêche pas les hommes politiques de régler leurs comptes en fonction des étiquettes qu'ils vous collent dans le dos...

Un dernier regard avant de fermer la porte, et me reviennent à l'esprit ces treize années passées dans les couloirs du pouvoir. Treize ans, le quart de ma vie ! Je pars sans nostalgie ni regrets ; juste un peu d'émotion, en voyant se tourner les quelques pages de l'Histoire dont j'ai suivi l'écriture.

*
* *

Ce jour-là même, François Mitterrand quittait l'Élysée. J'assistais à la cérémonie que j'ai déjà relatée dans un premier livre, mais dont je ne peux m'empêcher de reparler.

Je revois la salle majestueuse, prolongée par le jardin couvert dont la verrière permet à la lumière du jour de jouer avec les ors des colonnes et des boiseries. L'assistance, d'habitude si bruyante, attend en silence. Tout le monde est là pour les adieux du Président. Les conseillers connus et moins connus, les anciens ministres, le personnel de l'Élysée, et le GSPR – dont les jours sont comptés – au grand complet.

Comme à l'accoutumée, François Mitterrand est légèrement en retard. L'huissier annonce son arrivée.

– Mesdames messieurs, le Président de la République.

Il apparaît devant nous, égal à lui-même, intimidant et imposant malgré son visage marqué par la fatigue et la maladie. Madame est à son côté.

Je me rappelle la façon dont son regard a embrassé l'assistance, lentement, comme pour fixer dans sa mémoire l'image de tous ceux qui l'avaient servi.

Je le revois s'attarder un peu sur les hommes du GSPR, en uniforme et figés dans un garde-à-vous impeccable. Mes gars ont du mal à cacher leur tristesse : cela fait douze ans, pour les plus anciens, qu'ils vivent jour et nuit dans l'intimité du Président et de son entourage.

Le chef de l'État rompt enfin le silence pesant. Son ton est sûr et calme, sans émotion apparente, comme si ce jour était un jour comme les autres. En quelques phrases sans emphase, il revient sur ces années passées à l'Élysée. On dirait qu'il converse avec chacun d'entre nous, glissant de temps à autre une pointe d'humour pour faire oublier la solennité de l'instant. Il nous sent émus et s'efforce de détendre l'atmosphère ; en fait, il nous console. Ses mots vont au-delà d'un simple au revoir, comme s'il nous préparait doucement à autre chose.

Je me sens mal à l'aise : j'ai l'impression qu'il est en train de nous dire adieu.

Puis il se tait. Toute l'assistance est sous le choc, réalisant sans doute que cette fois est une dernière fois. Le silence qui suit semble interminable. Soudain, les applaudissements crépitent et durent, durent, comme au théâtre, pour ne pas rompre le charme et prolonger l'émotion du moment. Chapeau, l'artiste !

Dans un brouhaha soulagé, les invités s'égaillent vers le buffet. Beaucoup se pressent autour de François Mitterrand, en quête d'un mot dont il a le secret ou d'une poignée de main dont il a horreur. On pourrait se demander, en observant le manège habituel de ceux qui tentent de l'approcher, si certains ne croient pas, comme au temps de la royauté, qu'il possède le pouvoir magique de guérir les « écrouelles » ou d'autres maux existentiels !

Je ne cherche pas à le saluer, mais il m'aperçoit et me fait signe d'approcher.

– Commandant, vous êtes là ?

J'ai beau en avoir l'habitude, cette question rituelle me donne toujours envie de rire et de lui faire une réponse saugrenue. Mais je m'en tiens, une fois encore, à mon sempiternel :

– Oui monsieur le Président.

– Comment ça va ?

– Il y a des choses plus graves, mais je n'ai toujours pas de poste...

– Vous verrez, ça s'arrangera !

– Oui monsieur le Président.

– Vous viendrez me voir, rue Leplay ?

– Oui monsieur le Président.

Même avec quatorze ans de pratique, je n'ai pas amélioré mon sens de la repartie face à lui !

Il est happé par la foule des invités, dans laquelle je me balade, gêné – je n'ai pas non plus fait de progrès en mondanités. J'y croise des anciens ministres, des futurs députés, de nouveaux sénateurs... Certains m'évitent, le nez plongé dans leur verre ou le regard fuyant. Les ennuis, c'est comme la grippe : c'est contagieux ! Ceux qui daignent (osent ?) me parler me posent tous la même question embarrassée :

– Alors monsieur le préfet, comment allez-vous ?

Que leur répondre ? Ils le savent bien, comment je vais... Engagé volontaire à vingt ans, j'ai servi mon pays durant toute ma vie d'homme. Dix ans que je suis préfet, et me voilà sans affectation, dans un climat qui ne laisse rien supposer de plaisant pour l'avenir...

Je jette un dernier coup d'œil sur l'agitation qui entoure François Mitterrand, et sur mes gars du GSPR qui veillent à ce qu'il ne soit pas étouffé. Cela va encore durer une bonne heure, jusqu'à épuisement du buffet. Moi, je n'ai pas le cœur à rester.

Les huissiers et les gardes me saluent :

– Bonsoir monsieur le préfet.

– Bonsoir messieurs.

Je traverse la cour pour prendre ma voiture. Comme toujours, des curieux attendent sur le trottoir de la rue du Faubourg-Saint-Honoré. Ils guettent la sortie des officiels, espérant apercevoir une personnalité. En jaugeant la taille de mon auto, ils comprennent qu'il n'y a rien à en tirer ; ils ont l'air déçu. Un flash crépite quand même : sans doute un nerveux...

Table des matières

Cet ouvrage a été composé par
I.G.S. - Charente Photogravure à L'Isle-d'Espagnac (16)

Impression réalisée sur CAMERON par
BRODARD ET TAUPIN
La Flèche
pour le compte des Éditions Michel Lafon
en mai 1999

Imprimé en France
Dépôt légal : juin 1999
N° d'impression : 1687W
ISBN : 2-84098-480-6
LAF 006